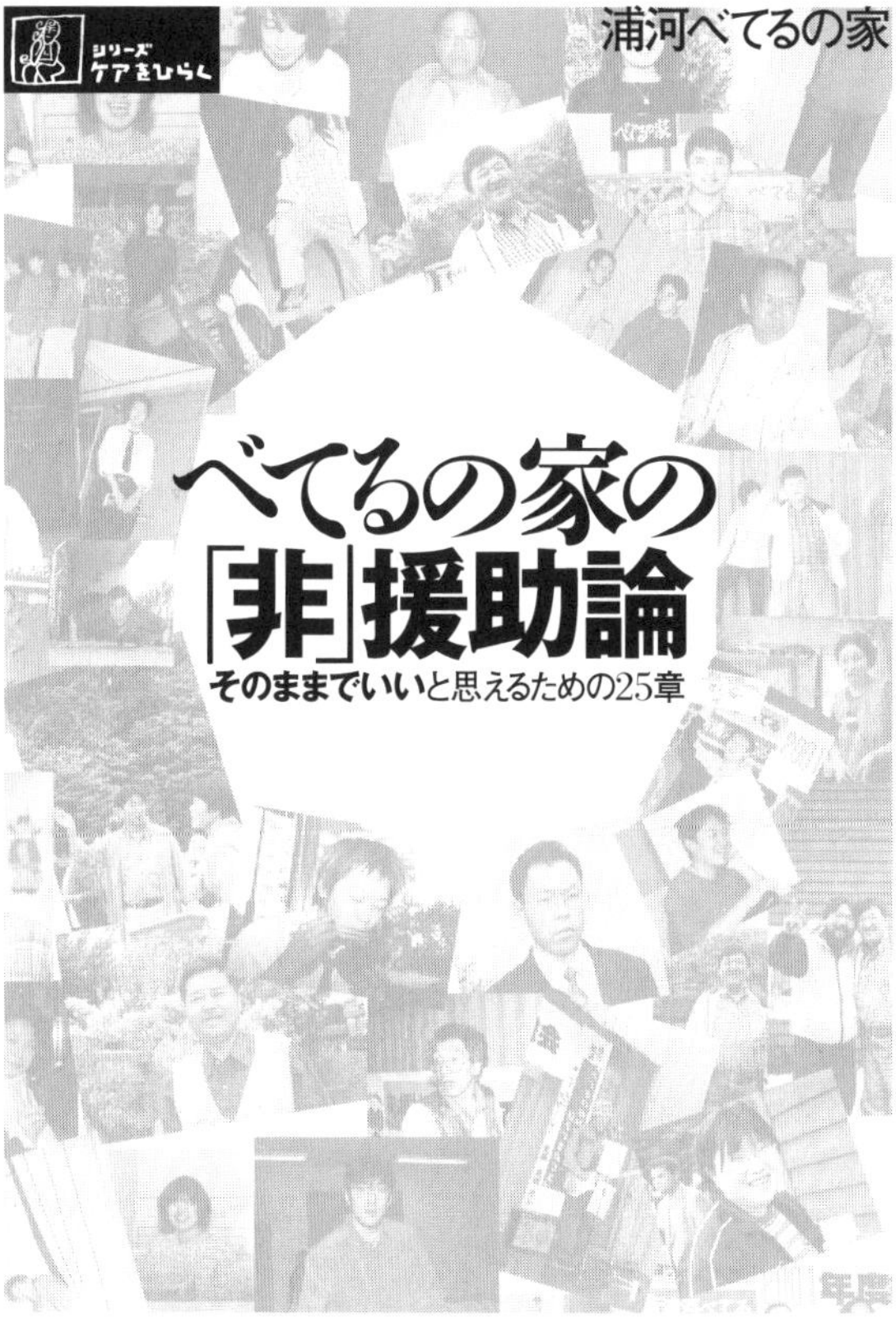
シリーズ ケアをひらく
浦河べてるの家
べてるの家の
「非」援助論
そのままでいいと思えるための25章

医学書院

序にかえて

「浦河で生きる」ということ

小山 直
㈱マルセイ協同燃料・社長

「べてるのモットーの一つに、〝べてるに交われば商売繁盛〟というのがあります」

――そう向谷地生良氏があいさつしたとき、私たちは思わず声をあげて笑ってしまいました。それはいまから一〇年以上前、一九九一年のお正月が明けてまもなく、MUG《マグ》日高（Mytool User's Group：「マイツール」というソフトウェアを使う人たちの異業種交流組織）というこの地域のパソコンサークルの新年会でのことでした。

新会員となったべてるを代表してあらわれた向谷地氏は、自己紹介のなかでそう言ったのでした。二〇名ほどの参加者のなかに、その時べてるの存在を知っていた人はおそらく一人もいなかったと思います。私自身、一年ほど前までは、べてるという名前すら聞いたことがありませんでした。ですから、私たちの住んでいるこの町に、精神障害者の共同作業所やグループホームがあるなどということは、ほとんどの仲間にとって初耳だったでしょう。

いまではこの町で知らない者はないべてるも、ほんの一〇年前には、地域での認知度はその程度でした。にもかかわらず向谷地氏は、地元の特産である昆布を全国に販売することを通じて、べてるも地域の活性化に貢献したい（ほんとうは「中心となる」と言いたかったのかもしれませんが）とスピーチしたのでした。

私たちの会は、当時もいまも地元の商店主、会社経営者、銀行員、農協などの団体職員が主なメンバーです。それぞれが自分の仕事への自負と、長年この町で培ってきた人脈をもっている人たちです。かれらにしてみると、医療者と精神科の患者さんが一緒になって商売をはじめる、しかもその活動を通じて地域の活性化にも貢献したい、などという話はまるで現実味のない話としか聞こえませんでした。

私たちは皆そのとき、氏のユーモアのセンスに感心して笑ったのです。またこういうときの向谷地氏は、いかにも悪戯っぽい目をして話をします。むろんいまとなっては、それが一席の冗談などではなく、本気で話をしていたことは明らかなのですが、私たちには「ぼく、将来はイチローのような野球選手になる！」という小学生のように微笑ましくもあったのです。

正直に振り返ってみると、自分たちの会に精神障害者が参加してくる、というのはけっして歓迎すべき出来事ではありませんでした。べてるの新規入会は、個々の会員にとってもじつは緊張と不安を強いられた場面だったはずです。しかしこのときの向谷地氏の巧まざるユーモアは、思わず私たちの笑いを誘いました。氏の天性の無防備さが、私たちの緊張を自然と解きほぐしてしまったのです。

これが、この町で商売を営む私やその仲間と、向谷地氏や早坂潔さんをはじめとするべてるのメンバーとの、現在までに至るつきあいのはじまりでした。

ＭＵＧに入会したころの向谷地氏は、よく私に「みなさんと出会ってはじめて、自分もこの町の『住人』になったような気がするんです」と言っていました。氏はすでに結婚して家族もいましたし、浦河に暮らして一〇年以上は経っていたでしょう。しかし氏によると、病院というところには、患者と院内の職員だけとつきあっていても日々が完結できてしまう「やっかいさ」があり、自分も地域住民の一人なのだという意識をことさらにもたなくても、じゅうぶん毎日を送れてしまうのだそうです。私たちの仲間と知り合うことで、地域のさまざまな問題や苦労と出会っただけではなく、それを共に考え、語り合う場を自分もべてるのメンバーもはじめて得た、そんな内容のことを私に言ったものでした。

「地域が良くならなければ、自分たちの暮らしも良くならない」——私たちの仲間がごく自然にそう考えていることが、大げさに言えば向谷地氏にとって新鮮な感動だったことが、氏の言葉の端々から伝わってきました。数年後にべてるが有限会社を設立したことにも、このころの私たちの仲間とべてるのメンバーとの交流が大きな役割を果たしたのではないか、と私は勝手に思っているのです。

では一方で、べてると出会った私たちMUGの仲間のほうはどうだったのでしょうか。私たちの会は毎月一回定例会を開いていて、パソコンや商売の勉強をしているわけですが、べてるのメンバーは、最初から驚くほど自然に会に参加していたように思います。

当初、私たちの会のほうに戸惑いがあったことは否めません。なにしろ、べてるには知的障害の人も多くいますから、例会の内容をどうするかというのは当時の一大テーマで、何度も役員会を開いて相談したものでした。ですが、たとえば信金の職員さんが、数字がわからないべてるの高橋吉仁さんに、パソコンとは何かを一所懸命説明している当時の例会の光景などを思い出すと私は、やっぱり良い出会いだったなとあらためて思うのです。

例会後はいつも、焼鳥屋かおでん屋に足を運んだものでした。高橋さんや服部洋子さんもよく行きましたし、勉強会のあいだはいつも頭が痛くなる早坂潔さんも、ここではつねに絶好調でした。

私は最初べてるを、とてもきれいなところだと想像していました。共同住居のことを言っているのではありません。それはだいたい予想がつきましたし、その通りのところでした。私はべてるを、美しい人たちが集まる美しい場だと勝手に思い描いていたのです。患者さん本人は、たしかに厳しい社会のルールに適応できない不器用な人たちではあるが〝純粋〟な人たちであり、それを支えているのはなんといっても〝誠実〟な医療者と〝善良〟なボランティア活動家である……。これが私が最初思い描いた、べてるに集う人たちのイメージでした。

私は知りはじめたべてるにたいへん惹かれはしたのですが、そういうきれいなところに足を踏み入れるには、やはり勇気が必要でした。私は商売をしている自分に、ひどく気後れを感じていたのです。つまり自分は、あんなにきれいではない、というふうに。

私は、商人とは、まず最初に汚れている人と考えています。個々人の人格や商売の手法などは関係ありません。もっと本来的なことです。商売ではまず、自分の利益を図らなければなりません。それで生活が成り立っているのですから当然なのですが、自分の利益を優先する人を、ふつう私たちはけっして最後まで尊敬することはありません。ときとして、有形無形の財産を羨むことがあるだけです。

〝アラユルコトヲ　自分ヲ勘定ニ入レズ〟に生きる、〝ソウイウモノニ私ハナリタイ〟という宮沢賢治の『雨ニモ負ケズ』の一節に、胸が熱くなる人はこんな時代でも数多くいることでしょう。人は誰でも、なんらかの形で他人の役に立ちたいと願うのが自然であり、自分の利益だけで満足できる人というのは、じつはめったにいないものだと思います。商人だって例外ではないのですが、〝自分ヲ勘定ニ入レズ〟に生きると暮らしが成り立たなくなってしまいます。だから商人は、(私の表現だと)まず最初に汚れている存在なのです。

私は仕事をしていて、本当に小さなことや些細なことで、毎日悩んだり、迷ったりします。そのすべてが「ここで自分を勘定に入れるべきか、入れないでおくべきか」という迷いだといっても過言ではありません。ときおり経営者のなかからは、真に尊敬に値する人物があらわれるものですが、私の場合、なにか目が見開かれたり、迷いのない境地に到達しそうな予感や気配は、いまのところいささかもありません。「オレって、考えていることと現実の商売が、いつも一致しないよなあ」と、タメ息をつかなくてもよい日は、なかなか訪れそうもないのです。最近では、商売とは日々矛盾を生きることではないのか、と諦め半分の境地です。

でも私は、この〈矛盾している〉という心地の悪さを、しつこく、手放さずに持ちつづけていこう、と思っているのです。矛盾を感じとる力くらいは、せめて自分のなかに保ちつづけていたい。これを〈ありのままの姿〉だと一件落着にしてしまい、悩むことから卒業する、そういうふうに成長するのはイヤだな、と思うからです。

「悩みや苦労をとりもどすために、みんなで商売をはじめた」と向谷地氏は言います。それは、商売につきものの矛盾や汚れを積極的に求めてみよう、という意味だと私はとらえています。そこにはきっと、与える−与えられるだけのきれいな世界よりももっと豊かな何かがある、氏はあるときそう直感したに違いありません。

べてると歩んできたこの一〇年のあいだに、私にもさまざまなこころの変化がありました。最初の五年間は、べてるの素晴らしさを誰かに伝えたくて仕方がありませんでした。さながら私は、べてるの布教者のように見えたでしょう。実際、私は布教したかった。私は聴くことより話すことに、学ぶことより教えることに夢中でした。後半の五年間は、気がつかぬうちに深くべてるに依存してしまった自分を、再構築するための期間でした。

「降りる生き方」「ありのままの肯定」「弱さを大切に」などなど、べてるにはたくさんのべてるを読み解くキーワードがあります。私はそれらの言葉をいったん頭の引き出しから取り出してみて、一つずつ自分で吟味してみました。そして、ピンとこない言葉に関しては、無理に理解しようとせず、自分の引き出しから出したままにするよう心がけ、いつかその言葉とふたたび会う日があることを信じて、待つ努力をしたのです。いくつかの言葉は、いまも私のもとへ帰ってきていません。これは、自力でどうにかなるわけではなく、努力をつづけいつかやって来るのを待つだけです。

しかし、ときに本当にその努力が報われることがあります。不意に、言葉との再会が訪れるのです。次に記すのは、いくつかのそんな経験のうちの一つです。

◉

私の会社には、べてるから毎日三、四人のメンバーが働きにきています。ゴミ処理の仕事や、ホームセンターやスーパーから委託を受けている配送の仕事などです。もう八、九年つづいていて、トラブルもいろいろ起きますが、メンバーの成長を目の当たりにできるのは、喜びでもあります。

近年、私がいちばん困ったメンバーにA君という分裂病の青年がいます。彼といっしょに仕事をする人は大変でした。出勤時刻を守れないし、途中で帰ってしまうこともあるし、何を話しているのかよくわからないことも多いからです。もちろん、私の会社では問題があるたびに彼と話をしますが、それで次の日から変わるようだったら、彼はべてるにいる必要はないでしょう。やっかいなことに、彼は勤労意欲満々というめずらしいメンバーで、なかなか休んでもらうことができません。病状が徐々に悪くなり、皆がかなり参ってきたころ、私は社員にこう言われました。

「A君を個人的に否定するつもりは全くないが、会社は仕事をするところであり、その仕事に支障をきたしている彼には休んでもらうのが自然なことではないのか」と。

もっともな意見で、本来なら経営者である私が、とっくにそう判断していなければいけないところです。ところが私は、彼に辞めてもらおうとはそれまで一度も思わなかったのです。私は考え込んでしまいました。なぜ私はA君を休ませなかったのだろうか、と。自分が優柔不断だからか？　それもある。彼のひたむきさが伝わってくるから言えないのか？　それも理由の一つだ。でも、それだけではない。私は考えました。そして気づいたのは、私はべてると一〇年かかわるうちに、人を選ぶということにひどくいい加減な人間になってしまっていた、ということだったのです。

かつての私は、どうでもよい些細な事柄でまわりの人間を峻別しては、嫌ったり嫌われたりして人間関係をこじらせてしまうのが得意でした。その私が「選ぶ」という行為を放棄してぼんやりしてしまっていたのです。それは無意識のうちに、人生でどんな人と出会うかは、じつは選べそうで選べないことだと思うようになった自分と出会うことでした。これは、なかなか愉快なことでした。

そしてさらに思い出したのは、「人との出会いは選べないものだ」という話を、ずいぶん昔にべてるで聞いたなあ、ということだったのです。記憶の底に沈み、すっかり忘れてしまっていた一つの言葉が、年月を経て、縁がありふたたび私のところへと戻ってきたのです。私はこれから先、この言葉を、いつもこのA君をめぐっての経験とともに思い出すに違いありません。

◉

私は約一〇年、べてると個人的に、そして日常的にかかわってきました。今日は仕事にくるのだろうかと腹を立てながら待っていたり、膝を突き合わせて話し合ったり、ときには思いがけない言葉に感動させられたりしました。確執や言い争いも数多くありました。

しかしそんなメンバーとのつきあいのなかから、あるとき何かが見えはじめます。その何かは、見えはじめるとまるでモノのように確かにそこに在ります。それは、べてるという場が獲得した何かです。その「何か」に、あるとき誰かがじつにふさわしい表現をみつけ、新しいキーワードが誕生します。こうしてべてるはいくつもの言葉を獲得し、みずからを豊かにしてきたのだと思うのです。

これらの言葉は、個々人のなかで、固有の歴史を歩きはじめます。たとえば、私にとって、ある言葉には実感や納得があり、ある言葉は退屈に感じられ、ある言葉はその存在すら忘れています。しかしいまは退屈な言葉の一つが、突如リアリティをもって私の胸に蘇ることもあるのです。私はいくたびかそれを経験しました。けっきょく私にとって、べてるとはこういう〈経験〉のことなのです。

私は最近、商売も経験だな、と思うようになりました。きっと、どんな仕事でも人が全人的にかかわる場では経験が生まれるのでしょう。べてるは、こういう一人ひとりの経験を、全体の財産として、とりわけ大切にしてきた場所なのだと思います。「エピソードがたくさんあったほうがよい」とは、そういう意味なのでしょう。

〈経験〉的であること、これが私がべてるから学んだもっとも大切なキーワードです。

べてるの家の「非」援助論——そのままでいいと思えるための25章｜目次

I

〈べてるの家〉ってこんなところ

第1章

今日も、明日も、あさっても
べてるはいつも問題だらけ

向谷地《むかいやち》生良

べてるの家恒例の大晦日のにぎやかな食事会が終わり、そろそろ休もうとした深夜一時過ぎに、自宅の電話が鳴った。べてるの家に住む佐々木実さんからだった。

「潔くんが落ち着かなくて、テーブルひっくり返したりして大変なんですよね」

すぐに駆けつけると、目が合ったとたん「おっかねえー」と言って潔さんが襟首にしがみついてきた。肩に手を回し「だいじょうぶ、だいじょうぶ……」となだめながらソファに座ってもらった。

潔さんの落ち着きのなさに同居人の石井健さんも興奮し、「いいかげんにせえよ!」と詰め寄ってくる。興奮する石井さんを佐々木さんが「病気なんだから、心配しないでもう寝て」と落ち着かせようとするが、寝る気配がない。その日はとうとう茶の間に布団を敷いて、石井、私、早坂の男三人組が川の字になって寝ることにした。

イサジャの肝っこ

「ぼくが退院したのは一九八三年四月九日の土曜日です。『四』と『九』で四苦八苦まちがいなしということで、川村先生がぼくのために特別に選んでくれた退院日です」

早坂潔さん（第8章）の自己紹介によく使われるフレーズである。文字どおり、彼の足どりは四苦八苦の連続だった。「イサジャ（めだかのような小さな魚）の肝っこ」と言われるほど気が小さい反面、劣等感に裏打ちされた上ずったような開き直りと負けず嫌いで、いつも肩をいからせていた。カラ回りした元気さと陽気なパフォーマンスで周囲を盛り上げる反面、いいようのない寂しさを内に秘めているようだった。

彼特有の強がりとひねた感情を、べてるでは「もったいをつける」という。仲間どうしの集まりに誘っても「行かない……」ともったいをつけ、つれない返事がかえってくる。「潔ドンがいないと寂しいな」と言われると上機嫌でついてくる。彼は、その言葉を待っていたのである。まるで儀式のようなものだ。

「行けないのか。じゃあ、また……」

「やっぱり、オレも行きてぇ！」

そう言いながら後から走って追いかけてくるのもお決まりのパターンだった。

退院後まもなく挑戦した木工所のアルバイトも、職場の同僚に負けまいと気を張りすぎて失敗した。食欲がなくなり、不眠になった。さらに仕事中に突然固まってしまうという状態となり、迎えにいく羽目となった。

それ以来、早坂さんは、べてるの家でも何もすることのない退屈な毎日がつづいた。相変わらず壁に激突したり、突然倒れたり、一日中無言で過ごしたと思ったら、いきなり「マジンガーZ！」と叫んで立ち上がってポーズをとったりしていた。

まわりは意味不明のアクションとパフォーマンスにすっかり振り回されていた。しまいには「マジンガーZ！」と叫ぶ彼を「ちょっとドライブに行こう」と我が家に誘い、マジンガーZの大ファンであった私の五歳の息子に紹介した。

「のり君、マジンガーZのおじさんを連れてきたよ」

息子が敵のロボットとなり剣をもって戦っていた。やけくそである。

食事の際に箸をもったまま固まってしまう潔さんに、あるとき長男がおもちゃのハンマーで頭をピコッと叩いた。すると潔さんは「おお！」と声を出し、我に返ったようにご飯を食べだした。その場面に出くわして以来、べてるの家には「早坂潔発作防止装置　川村ドクター推薦！」と書かれたアンパンマンのハンマーがまじめに置かれていた。

ありとあらゆる方法が試された。

佐々木実さんが発見したのは、ガラスに向かって突進する潔さんに「そのガラス五〇〇〇円！」と叫ぶとピタッと止まるという現象だった。金銭管理がうまくいかず、いつも金欠病の潔さんにとって五〇〇〇円は痛い。そこを衝いたのである。

また、固まったまま一日中床に寝ていたため半身に床ずれができ、重い体の下になった右手が血行障害を起こし手が動かなくなるということがあった。ハネムーン症候群である。独身者が一人でハネムーン症候群になった初のケースとして、べてるではいまだに語り草になっている。

パトカー、消防車、救急車……

問題のタネを振りまくのは彼ばかりではない。潔さんに続いてべてるの家に入居したメンバーも、次々にエピソードを繰り広げるようになっていた。

隠しカメラが設置されていると言っては警察に捜査を依頼したり、深夜お腹がすいたと夕食のカレーライスの残りに火をかけたのを忘れてしまい、焦げたにおいをかぎ「オウム真理教に放火された」と一一九番通報をしたり……(そのときは実際に消防車が駆けつけた)。

新聞配達をしていた岡本勝さんは、お花畑があろうとなかろうと最短距離で横切りどこでも立ちションをした。彼は他人の家の庭先でごろりと横になって日なたぼっこをする癖もあり、何度も一一〇番通報された。

全国各地の作業所や共同住居のなかでも、べてるの家ほどパトカーや消防車、救急車が駆けつけた場所もないのではないかと思う。それだけ地域には、具体的に迷惑や心配をかけてきた。

およそ、商売をはじめ何かを目的とした組織をつくろうと考えたときに、べてるのメンバーのかかえるもろもろの弱さは、失敗こそすれ成功を予感させるものは何もない。

テレビの報道が自分と関係があるように思えたりする。みずからを悩むことは多くても職場の将来を心配する余裕などない。第一、朝も起きられない。問題の多さは今も昔も変わらない。何かを克服した

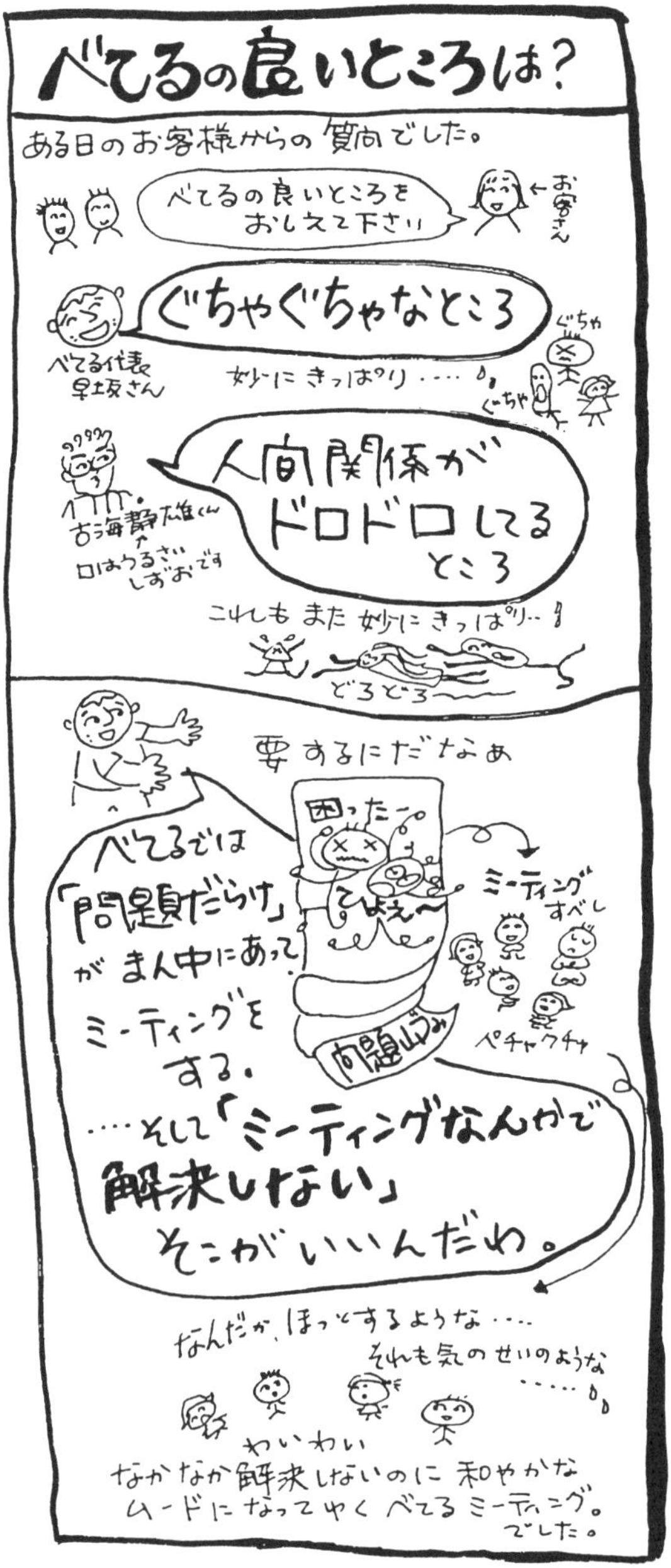

り、問題を解決してきたという実感もない。強いていえば、悩みや苦労に対するまなざしや向き合う態度の変化はあったといえるかもしれないが。

それで順調！

べてるは、いつも問題だらけだ。今日も、明日も、あさっても、もしかしたら、ずっと問題だらけかもしれない。組織の運営や商売につきものの、人間関係のあつれきも日常的に起きてくる。一日生きることだけでも、排泄物のように問題や苦労が発生する。

しかし、非常手段ともいうべき「病気」という逃げ場から抜け出て、「具体的な暮らしの悩み」として問題を現実化したほうがいい。それを仲間どうしで共有しあい、その問題を生きぬくことを選択したほうがじつは生きやすい――べてるが学んできたのはこのことである。

こうして私たちは、「誰もが、自分の悩みや苦労を担う主人公になる」という伝統を育んできた。だから、苦労があればあるほどみんなでこう言う。「それで順調!」と。

第2章

べてるの家の歩みから 坂道を転がり落ちた一〇年がくれた「出会い」

向谷地生良

一九八四年四月、一部改装をきっかけに浦河教会の古い会堂は〈べてるの家〉と名付けられた。以後べてるの家は、精神障害をかかえる人の回復者クラブ〈どんぐりの会〉のメンバーと、地域の有志による地域活動の拠点となる――はずだった。

展望なき、「地域への迷惑」の日々

一九七八年に設立されたどんぐりの会は、当事者が地域住民に働きかけて「何か」をしたいという構想はもっていたが、いったい何から手をつけたらよいかわからず暗中模索していた。

どんぐりの会の主要メンバーは精神分裂病の人たちだった。

精神障害のなかでもアルコール依存症では断酒会という自助組織が誕生して、仲間どうしの力によって断酒に踏み切る人たちが出はじめていた。そこでは「回復」という希望が芽生えてきた。それにくらべて精神分裂病の世界では、特効薬への期待以外はなす術《すべ》がないというのが当時の空気だった。しかも精神分裂病の人たちは「話し合いができない人」「自分の病気さえも理解できないし表現もできない人」という理解が常識だった。

家族の会はいつも、無為に暮らす子どもの将来を心配し、嘆きの言葉をかわす場でしかなかった。医師もソーシャルワーカーも、それをじっと受け止めることだけで精一杯で、薬を飲むこと、通院すること以外には、具体的なアドバイスはもとより見通しさえ語ることができなかった時代だったのだ。

このように当時のべてるの家は、当事者が暮らす住居としてはあっても、活動拠点の体をなすどころか展望さえもまったくなかったのである。あったのは、住みはじめたメンバーが地域で繰り広げるさまざまなアクシデントだけだった。

酒を飲んでは暴力問題はおこすわ、無銭飲食はするわ、それどころか幻覚妄想状態に陥って二階から道路に向かってビール瓶を放り投げるなど(もちろん車も通る道なので近所は大騒ぎになり、パトカーもやってきた)、「地域への貢献」どころか「地域への迷惑」の毎日だった。

商売という希望、そしてふたたび絶望

そのような状況を変える突破口となったのは、奇しくもべてるに住みはじめてもっとも手を焼いていた早坂潔さんの存在だった。そう、第1章で紹介した「イサジャの肝っこ」の潔ドンである。

どこに仕事に行っても長続きしない彼のために、あくまでも「とりあえず」ということではじめたのが、日高昆布の袋詰めの内職である。一九八三年の一〇月のことであった。

昆布の袋詰めは、町の主婦の内職として一般的にやられている仕事だったが、その内職が結果として五年もつづいたのは私たちにとっては「奇跡的」なことだった。なぜなら、同じころ保健所の保健婦が中心になって社会復帰学級のメニューとして日高昆布の内職を取り入れたことがあったが、結果は無残だったからである。一袋詰めて三円の仕事に飽き飽きしたメンバーは、一人欠け二人欠け、ついには保健所職員が後始末に追われるという惨憺たる結果となり、早々にとりやめになってしまった。

その同じ仕事がなぜつづいたのか。周囲の側面的な協力とともに、次章以降でくわしく述べるように、「これは自分たちの〝商売〟だ」という目的意識が私たちにあったからだ。「商売とはなにごとも最初は儲からないものだ」とメンバー自身が考えていたのである。

さて、その昆布の袋詰めをはじめてから五年後の一九八八年四月、早坂潔さんをはじめとする主要メンバーが相次いで入院してしまい、下請け事業の存続が危ぶまれる状態となった。さらにはソーシャルワーカーの私が、理由は後述するが「精神科病棟出入り禁止」、さらには「通院患者への接触禁止」という措置を病院から受けてしまった。べてるの家はまさしく沈没寸前だった。

最後のとどめは、作業を手伝っていた石井健さんの、昆布工場長との喧嘩だ。工場から配送される原草の到着が遅いと石井さんが電話で催促したことから口論となり、仕事を引き上げられてしまったのである(くわしくは第8章)。

どんぐりの会設立から一〇年後、一九八八年の一一月のことである。

普通の人たちとの出会い

このように、どんぐりの会とそこから派生したべてるの家の歩みを振り返ってみると、最初の一〇年間はまさに坂道を転げ落ちるような日々だった。

しかし、昆布工場から仕事を引き上げられてしまったこの不幸な年――一九八八年――は、じつはべてるの家にとって記念すべき年となったのだ。下請け事業を廃して、自前で日高昆布の産地直送事業に転換したからである。

産地直送事業を手がけるということは、地域に出向くことを意味した。原草の買い付け、資材の購入先の探索と仕入れ、資金の確保、そして販路の開拓など、一つの企業を立ち上げることに等しい困難がともなった。

しかしその困難が逆に、町の人たちと出会う機会をつくってくれた。特別に医療や福祉に興味がある人たちではなくて、地域で苦労しながら商売をしているごく普通の人たちとの出会いが、べてるの進む方向を決定づけた。

べてるの家のさまざまな活動から派生した「べてるの繁栄は地域の繁栄」とか「安心してサボれる会社づくり」とかのキャッチフレーズは、自発的に生じたのではない。清水義晴氏(二一七ページ)をはじめとする企業畑で生き抜いてきた人たちとの出会いのなかで引き出されてきたものである。現実の企業経営の厳しさのなかから生まれたかれらの経営理念こそが、べてるの家にとって必要な理念そのものだったのだ。

産地直送事業に転換した五年後の一九九三年六月には、有限会社〈福祉ショップべてる〉を設立し、そして二〇〇二年二月一日には、当事者である佐々木実さんを理事長に、社会福祉法人〈浦河べてるの家〉が設立された。

当事者を中心に一六部門で一〇〇人を越える人たちが働くようになり、べてるの家がもたらす地域への経済的な波及効果も無視できないものとなっている。いまでは行政サイドからは「なにか協力できることはないか」と積極的なアプローチがくるようになり、地域づくりの重要なパートナーとさえ考えてくれるようになった。感慨深いものがある。

そればかりではない。当事者の「病気も含めた個性」と、地域の「過疎も含めた個性」とが渾然一体となり、じつに楽しみな地域づくりがはじまりつつある。「地域に新しい産業の創出とリサイクルを」というテーマを掲げた〈エコ豚《トン》クラブ〉のはじまりは、その最たるものである。

「精神障害者の社会復帰」という空虚なコトバを越えて、当事者も地域住民もともに地域の課題を担い合い、住みよい町づくりに知恵を出し合う時代がやってきた。べてるの家が二〇年前に掲げていた「地域全体の社会復帰」という理念が、いま、具体的なイメージとして見えはじめている。

エコ豚
とんちんかんぷん
ぼくたち エコ豚クラブの「とんちんかんチーム」です。町の人たちは平日の昼間は忙しいので、ぼくたちがぶたちゃんのせわをしています
べてるの力弱きメンバー!!
1人1人は頼りないが、質より量なのだ!!
▶エコ豚クラブとは…
浦河町の町の有志たちが町の焼却炉にゴミとして捨てていたおからやくずをエサにして豚を飼うというクラブです
豚の出荷のときは大変です。身の危険をかんじる豚くんたちは必死です それを追うみんなは泥だらけ ふんだらけ。
ブビー
ブー
イテッ
黒豚と白豚のハーフです
電気のとおっている柵
出荷のときはけられても負けずに追います。大切に育てた豚を大切にあつかいます
ミミ
エサやりもします
おからや給食の残りのパンなど。先日は規格外のイモを畑にひろいにも行って、エサの足しにしました。
よしさん
石井さん
黙々としました。
べてるの私たちと同じく、豚舎にひきこもる豚もいます。外に出して運動させるのも一苦労です。それもまた私たちと同じ…。慣れているといえば慣れてる…。
ふん尿処理もします。とんできたウ〇コが口の中に入っちゃった人もいます

コラム

「べてる」の風
のけ者つくらぬ文化を

朝日新聞二〇〇〇年八月七日社説「世紀を築く」より

「えりもの春は、何もない春です」

森進一のヒット曲で知られる北海道・襟裳《えりも》岬に近い浦河町。ここに、「浦河べてるの家」はある。浦河日赤病院の精神科病棟を退院した人たちが、一二年前に一〇万円の元手で昆布を買い付け、産地直送事業を始めた。それが、いまや年商一億円、一〇〇人を超す元入院患者が働く地元の「大企業」である。

＊

歯をくいしばって、がんばったわけではない。合言葉は、「安心してサボれる会社づくり」「利益のないところを大切に」「弱さを隠さず、弱さをきずなに」である。

「べてる」は旧約聖書の「神の家」からとった。精神病の豊かな個性をむしろ持ち味に、浦河の町にとけこむ姿、そこに新潟や会津若松、名古屋の人々がほれ込んだ。費用を出し合い、映像記録『ベリー・オーディナリー・ピープル／予告編』をつくった。すでに八巻になる。

コピー自由とあって、手から手へと広がり、全国各地で「べてるの風」を吹かせている。映像の主に会いたい、経営手法を学びたいと、人口一万六〇〇〇人の町に年間一〇〇〇人以上がやってくる。

何が人々をひきつけるのか、それが知りたくて、浦河を訪ねた。仕事場では、二〇人ほどが、その日に働く時間帯を報告し合っていた。管理職はない。勤務時間は体調を考えて自分で決める。大きなテーブルを囲んで、だしパック、おつまみ昆布などの商品がつくられてゆく。笑い声が絶えない。

昆布加工のほかに、紙おむつの配達、住宅改造、清掃、引っ越しの手伝い、ゴミ処理など、町の人が必要とするものを見つけては、漁協や地元企業と協力して事業化してきた。訪問者の航空券やホテルの手配など、旅行代行業も手がける。

入院歴一六回という早坂潔さんに連れられて、町なかにある精神病棟を訪ねた。体験者ならではの的確な助言ができる早坂さんたちは、病棟への出入りが自由だ。退院後の生活に不安をもつ入院者だけでなく、病院の職員からも頼りにされている。

一九歳で分裂病を発病したギタリストの下野勉さんはいう。

「発病直後に入った別の病院では、外出は禁止。六人部屋で娯楽はテレビだけ。一列にならんで口を開け、薬を口に入れられ、合図とともに水で飲み込む。ぼうっとして寝てばかりでした」

下野さんは、いま、浦河の町で恋人と暮らす。愛や妄想をテーマにした自作の曲を各地で演奏する。CD化の話も持ち上がっている。病気が完治したわけではない。仲間やソーシャルワーカー、医師たちの応援で、幻聴や妄想と付き合うすべを身につけたのだ。

「ここでは、批判はされても、最後は受け入れられ、迎えられる。その体験が安心の世界をつくるのでしょう」と、浦河日赤病院精神科部長の川村敏明さんはいう。

昔からこうだったわけではない。日高管内初の精神科ソーシャルワーカーとして、向谷地《むかいやち》生良さんがこの病院に着任した一九七八年当時、入院患者は近所の店に納豆を買いにいくにも「三日前の外出届」を義務づけられていた。退院者が殺傷事件を起こし、住民の目は不信に満ちていた。

いまは、退院者たちが小中学校や高校に招かれて体験を話す。「分裂病という病気に誇りをもっていて、素晴らしいと思いました」と、ファンレターも舞い込む。

幻聴や妄想は、「変に思われるから他人に話してはいけないもの」「薬で消さねばならぬもの」というのが、多くの精神科医の見方である。だが、ここでは「幻聴さん」と呼んで体験をおおっぴらに話し合う。

地域の人たちと一緒に開く「心の集い」では「偏見・差別大歓迎集会」などを企画して率直に話してもらう。年一回の「幻覚&妄想大会」は、いまや、町の名物だ。

*

日本の精神病院ベッドは諸外国に比べて異常に多い。退院者の在院日数も長い。何十年も入院している人たちのデータを加えると差はさらに開く。

その理由を精神病院関係者は、「日本では家族が無理解で、回復しても引き取らない」「日本の社会は、精神病への偏見が強く、退院が難しい」などと説明してきた。

しかし、浦河では退院者が地元に貢献しながら一緒に暮らしている。軽症だから可能なのではない。各地の精神病院で「重症」と診断されていた人たちも少なくない。ここでできることが、ほかでできないことはない。

『ベリー・オーディナリー・ピープル』は九巻目の撮影に入った。今回も「予告編」の三文字がつく。「べてるの人たちの生き方こそ、二一世紀への予告編だ」。映像を見た人たちの間から、そんな声が出たからだという。

筆者の大熊由紀子さんは、一九八四年から二〇〇一年まで朝日新聞の福祉・医療の社説を担当。二〇〇一年より大阪大学大学院人間科学研究科教授（ボランティア人間科学講座ソーシャルサービス論）。

II 苦労をとりもどす

第3章

地域のためにできること

「社会復帰」という切り口の貧相

向谷地生良

浦河は、その語源——アイヌ語で「霧深き河」——のとおり霧の深い町である。とくに季節の変わり目である春先の濃霧は、車の運転にも支障をきたすほどである。そんな浦河に就職が決まり、港の近くの駅に降り立ったときにも、たしか霧笛が鳴っていた。

浦河に赴く当日の朝、札幌駅に見送りにきてくれた友人たちには「三年経ったら戻ってくるから……」と言い残してきた。四時間という長旅が終わり、ヴォーという霧笛の音を聞きながら、人通りもなく、寂れて朽ち果てそうな家々が立ち並ぶ駅前の道を歩いた。すると不意に「こんな町で一生暮らすのか……」という、なんともいえない堕ちぶれた感覚がわき上がってきた。とぼとぼと歩きながら私は、そんな不謹慎な感情にうろたえ、うしろめたさを抱いていた。

浦河という未知の地、しかも東京都の二倍以上の広さをもつ日高という地域で唯一人のソーシャルワーカーとして、一九七八年四月、私は仕事をはじめた。

今度の目標は結婚することです!

そんな新米の私に「向谷地さん、精神科を退院した仲間どうしで集まる機会をつくりたいんだけど協力してくれないかい」と声をかけてくれたのは、みずから精神分裂病を体験しながら国鉄職員として働き、どんぐりの会初代会長としてリーダーシップをとっていた岡博昭さんだった。その年の六月のことだ。

気持ち半分を札幌に残してきたかのような私を浦河という現実に押しやる重要なきっかけともなったという意味で、岡さんの一言は、いまでも忘れることのできないものである。

一か月後、岡さんの呼びかけにこたえて、私を含めて四人が町内の焼肉店に集うこととなった。集まったメンバーのなかには、精神分裂病で七年あまりの長期入院の末、晴れて退院にこぎつけた佐々木実さんの顔もあり、彼の退院祝いを兼ねた記念すべき初の例会となった。

●佐々木実さん

「入院したときにはオレの人生はもう終わったと思ったんだけど……、今度の目標は、結婚することです！」

こんな佐々木さんの挨拶とともに宴席は盛り上がった。

かれらの困難、この町の困難

佐々木実さんをはじめ精神分裂病で入院した若者の多くは、日高で生まれ育ち、就職や進学のために都会に赴き、そして病いを得て、傷心をいだき故郷に帰ってきた人たちだった。十代のなかばに病気になり、就職や進学をあきらめて、年老いた両親と一緒に暮らしながら入退院を繰り返し、働く場もなく人目を避けて暮らしてきた人たちだった。

過疎化の影響で地域経済が落ち込み、誰もが生活に困難をきたしているこの町で、かれらが生きぬくのは並大抵のことではない。

しかし逆にいえばそれらの困難は、精神障害者だけでなく、この町で生きようとしている人たちすべてに課せられた困難だ。町でいろいろな商売をやっている人たち自身も、自分たちが住んでいる場所に希望をもてないで暮らしていた。沿岸漁業の衰退もあり、商店街も寂れる一方だ。そしてなによりも私自身が多くの困難をかかえていた。

病棟出入り禁止、患者との接触禁止

駆け出しのソーシャルワーカーとして先輩もいない見知らぬ土地で、看護婦控え室に机ひとつの間借りの相談室を構え、病棟に出入りするにも深呼吸し、人前で電話一本かけられないほど緊張しながら仕事をはじめた私にとっては、「精神障害者の社会復帰」どころではなかった。社会人としてこの町で暮らすことに苦労してきた私自身が、もっとも「社会復帰」を必要としていたのだ。

そんな一方で、「ソーシャルワーカーとは、精神科に通院する人たちと、どんな時でも近所づきあいができる能力をもった人である」というこだわりも私はもっていた。「公私一体」を標榜して名刺に自宅の住所や電話番号まで書き入れ、さらには当事者と同じ屋根の下、つまりべてるの家で暮らしはじめていた。

しかしそれは、新人ワーカーが突然これまでと全く異なった視点から活動を展開しはじめたことにもなる。医師を頂点とした伝統的な治療体制のなかでは不興を買い、結果として精神科病棟出入り禁止および精神科患者との接触禁止が下された。まもなく「向谷地は病院で何か不祥事を働いたらしい」という噂がワーカー仲間のあいだを駆けめぐった。自然と研修会にも足が遠のくようになっていった。

精神科病棟出入り禁止、患者との接触禁止という「針のむしろ」は足かけ五年に及び、私は職場の人間関係のむずかしさをこころの底から痛感していた。

「そうか。人はこのような苦しみの積み重ねのなかで精神的に追い詰められて、病気になるんじゃないだろうか……」

そんな思いに至ったのである。

向谷地さんをつかまえろ
まって
先日のSSTのことです。
おとなしいしーさん
えっと向谷地さんに相談したいので声をかける練習をしたいです。
リーダー伊藤ソーシャルワーカー
このごろ向谷地さん忙しくて声をかけて話をきいてもらうのってむずかしいんだよね
「声をかける」のに苦労した人がいますか？
ハ〜イ
妻のえつこさんも手をあげてる。
みんなは声をかけるのにどんな工夫をしていますか？
あのねぇ向谷地さんはいつも電話で話してばかりいるんだよね。だから終わるまで近くでじっと待つ。
松本くん
電話がおわるとすぐカンファレンスとかにいっちゃうから追いかける
すがわらさん
あのな、朝9時に行けば話せるぞ。時間をえらべ。
りゅうこさん
前の日に電話をかけて予約を入れたら？
それがさぁ次の日にはたいてい約束したのを忘れてるんだよね
忘れんぼう→
そうそう
こまざわさん
私は「わぁー」ってさけびながら向谷地さんに突進したら成功したヨ
ワァー
オー スゴイ
なんもだっ。向谷地さん以外にも相談相手はいるよっ。みんなっ自分たちで考えてみるべー
すがわらさん
とりあえず…近よって声をかけてみます。
しいさん

そのときはじめて、精神障害をかかえた当事者の気持ちがわかるような気がした。そして、「もしかしたら、かれらの言う絶望的な気分とはこんな状況に近いのかも……」とも思った。仕事があり、収入もあり、住む場所がある私自身が直面した困難さは、仕事がなく、収入も少なく、住む場所も限られるかれらが地域で生き抜くことのさらなる困難さを、こころの底から思い知らせてくれたのである。

なぜ障害者だけが社会復帰しなくてはいけないのか

そのような体験のなかで、地域の厳しい現実と無関係に、精神障害者だけが治療や援助によって「社会復帰」をして生き生きと暮らしていけるようになる――こんなことは幻想であり、それを期待することの無意味さを痛感するようになっていた。

病院の医師もほとんどが妻子を都会においた単身赴任であり、看護婦も三年の義務年限が終わると都会に出ていくのである。自分たちもこの町に住みたいなどとは露ほども思っていない町に、なぜ精神障害者だけが社会復帰を目標にしなくてはならないのか。

そこで見えてきたのはむしろ、「精神障害者の社会復帰」などというありきたりな切り口ではとらえきれないほどの、地域全体のかかえる課題の大きさだった。

それと同時に、さまざまな相談業務を通じて私が知らされたのは、健常者といわれる人々の、一見安定した生活の背後にある悩みの深さだった。その一方で、多くの面で絶望的な状況におかれているにもかかわらず、べてるのメンバーとの交流を通じて感じたのは、不思議な安心感だった。

右下がりに生きる!

べてるのメンバーが精神障害という病気と出会って学んだいちばん大切なことは、「生き方の方向」ではないだろうか。

誰でも、子どものときから大人に至るまで、勉強にしろスポーツにしろ、他人より秀でていることを良しとする価値観のなかで精いっぱい生きている。歩けなかった赤ん坊が歩きはじめ、知恵がつき、言葉が与えられるのと同じように、できなかったことができるようになることが、まるで人間の当然のプロセスであるかのように。

しかし元来、人間には人としての自然な生き方の方向というものが与えられているのではないか。その生き方の方向というのが、「右下がり」である。昇る生き方に対して「降りる生き方」である。

現実には多くの人たちが、病気になりながらも「夢よもう一度」の気持ちを捨て切れず、競争しつつ「右上がり」の人生の方向を目指している。何度も何度も自分に夢を託し、昇る人生に立ち戻ろうとする。ところが不思議なことに、「精神障害」という病気はそれを許さない。「再発」というかたちでかたくなに抵抗する。まるで「それはあなた自身の生きる方向ではないよ」と言っているかのように……。

その意味で精神障害者とは、誰よりも精度の高い「生き方の方向を定めるセンサー」を身につけた、うらやむべき人たちなのかもしれない。

健常者のためにできること

べてるの家の活動がはじまってまもなく、障害者関連の研修会で発表を依頼されたことがある。テーマは「障害者とともにある地域づくり」だった。障害をもった人たちをどう受け入れていくか、障害者のために私たちができることを、べてるの家での経験を通じて発表してほしいという趣旨だ。しかしそこで私が語ったのは逆に、「べてるの皆は『健常者と地域のためにできること』を模索しています」ということだった。

これは私自身の生きる苦労が語らせた言葉であるし、浦河という悩み多い地域のなかで感じた「当事者のもつ可能性」が語らせた言葉でもあったと、いまにして思う。

第4章

苦労をとりもどす
だから私たちは商売をする

向谷地生良

私が浦河赤十字病院精神科病棟のソーシャルワーカーとして仕事をはじめて最初に脳裏に刻んだ言葉は、《医学→「囲」学》、《看護→「管」護》、《福祉→「服」祉》というものだった。つまり、「囲い込み」と、「管理」と、「服従」の構造を、精神医療の世界に垣間見たのである。

あの悩み、もったいない……

浦河赤十字病院も地域精神医療をめざし、比較的開放的な処遇をこころがけてはいた。しかしはじめて現場に足を踏み入れた素人同然の私にとっては、驚くこと――たとえば隣のお店に買い物にいくのに三日前の外出届が義務づけられていた――が少なからずあった。しかし精神科病棟の入院患者は羊のように従順で、黙して語らない。みずからの病気の体験に深い挫折感と劣等感をいだきながらも、現状に怒ったり、もがく様子もない。かれらは人生を諦めた人たちのようにも見えた。

そんななかで私は、「落ち着かない」「眠れない」「イライラする」と言っては薬を求めて看護婦詰所に通う患者さんを傍らで見ながら、一人こころの中で呟いていた。

「あの悩み、いい悩みなんだけどなあ……」

「おぉ、その悩みを捨てるなんてもったいない」

「あの人の苦労は、けっこういい線いってるのに」と。

それは、もし私自身が精神科病棟に入院している身であれば、現状を受け入れられず、もがき、きわめて反抗的な患者になったに違いないという確信があったからである。おそらく看護婦や主治医の治療方針に従わず、徹底して意欲とやる気を封じ込め、静かな抵抗を試みたことだろう。

そんな私にとって入院患者の「落ち着かない」「眠れない」「イライラする」という訴えは、きわめて人間的な営みの証として、捨てがたいものに映ったのだ。

苦労を奪われた人たち

ひと月、ふた月と仕事に慣れるにしたがって、「入院患者」の一人ひとりが人間として歩んできたじつに個性的な暮らしの様が見えるようになってきた。「どんな苦労をしてきたか」が見えるようになると、その人の暮らしぶりが見えてくる。苦労という小さな窓から覗くと、その人の全体像が浮かび上がってくるのだ。

はじめて精神科病棟に足を踏み入れた私にとって、精神障害者とは「人としてあたりまえの苦労を奪われた人々である」と思えてならなかった。私は、深い山中で貴重な鉱脈を発見したような充実感を感じていた。

精神障害をかかえた当事者は、この世的に考えるとほとんど成功とは無縁の人生を歩んできたような人たちばかりだったが、「みんなと一緒に苦労をしてみたい」という誘惑に私はかき立てられていた。やがて、「失った苦労の醍醐味をとりもどす」ことが、ソーシャルワーカーとしての実践の理念となっていった。

当時、浦河で暮らすなかでもっとも惨めなことは、「七病棟＝精神科病棟」に入院することだった。精神科退院者の評判は最悪だった。かれらは病院周辺の老朽化した安いアパートに住み、再入院にあってはパトカーや救急車が頻繁に駆けつける騒々しさだった。いつも地域のひんしゅくを買っていたのである。そのような経験を繰り返すうちに、惨めであるはずの病院が、かれらにとってはいちばんの安住の場になっていた。

そんななかで「一緒に苦労できること」は何か。そして、誰もが「やってみたい」と思うことは何か。しかも誇りをもって――昆布の袋詰の下請けをはじめた早坂潔さんとこう語り合って辿り着いた結論が、「金儲け」だった。彼は目を輝かせて「よし、やるべぇ」と言った。

社会復帰のため、将来の自立のため、一人前になるため……精神障害を体験した当事者は、じつにさまざまな言葉を周囲から投げかけられる。そのような励ましに一応はうなずきながらも、それにこたえられない現実に押しつぶされて、さらに自信を失っていくという経験を数多くしている。早坂さんもそんな一人だった。

しかし不思議なことに、「金儲け」には、関心を示してくれた。早坂さんだけでなく、みんなが「オレ、金欲しい！」と目を輝かすのである。

「金儲けといっても銀行強盗じゃないぞ。過疎化に悩む浦河の町の人たちに喜んでもらえる金儲けだ」
メンバーたちとこう話し合ったものだ。

苦労が多いから商売をするのだ

こうして「商売」への挑戦がはじまった。

いままで会社で、家庭で、教育の場で失敗に失敗を重ねて、病気になるまで自分を追いつめた経験をした人たちが、あらためて「商売」に挑戦する。いわば鉛の船を海に浮かべるに等しいプロジェクトが、過疎の町の片隅ではじまったのである。

いまになって思えばそれは、「能率によって人を切り捨てない」ことと、「経済的な利益」を生み出すという相反するテーマへの挑戦でもあった。さらには、「努力の末に病気や障害を『克服』し『健常者』の社会に復帰する」という〝物語〟に切り捨てられてきた人たちが、無謀にも新しい価値観をもってその現実のなかに飛び込むことをも意味した。

一九八三年にはじまった日高昆布袋詰めの下請け、八八年からの産地直送事業、そして九三年の有限会社の設立。このようにべてるは「商売」にこだわってきた。

「なぜ、商売なのか」とよく聞かれる。それは「苦労が多い」からである。「生きる苦労」という、きわめて人間的な、あたりまえの営みをとりもどすために、べてるはこの地で商売をはじめた。

「悩む力」を生きながらとりもどそう

商品を販売しその利益で生活の糧を得るというのは、じつに大変なことである。利害関係が生じて人との対立も起きてくる。かつて、みんながいちばん苦労した場面であり、できれば避けて通りたい、戻りたくない現実でもある。

多くの当事者は病院を生活の場とし、苦痛を除かれ、少しの不安も不快に感じ、薬を欲し、悩みそれ自体を消し去ることを目的とするかのような世界で長年暮らしてきた。そのなかでかれらは、「不安や悩みと出会いながら生きる」という人間的な営みの豊かさと可能性を見失う。

しかしべてるは、失った「悩む力」を、生きながらとりもどす場だ。

かつて苦しんだ競争原理に支配された日常のなかに、ふたたび何事もなかったかのように舞い戻るような「社会復帰」はめざさない。一人ひとりが、あるがままに、「病気の御旗」を振りながら、地域のかかえる苦労という現実に「商売」をとおして降りていきたい。

第5章

偏見・差別大歓迎
けっして糾弾いたしません

向谷地生良

今ではにぎやかな（近所迷惑もはなはだしい）場所であるべてるの家も、二〇年ほど前は寂しいところだった。

雪が吹けば建物のなかにまで雪が入り込み、台所は凍って使えなくなる。寒いだけでなく、たくさんのネズミがわがもの顔に居座っているようなところだった。

そこが私の住まいであると同時に、精神科を退院した人たちの集会の場にもなっていた。その後二階の空き部屋に、いま社長と理事長をやっている佐々木実さんをはじめ何人かの人たちが住むようになった。

けっきょく私は病院のソーシャルワーカーをやりながら、病院を退院した人たちとともに足かけ三年、同じ屋根の下に暮らしたことになる。

べてる？　最低！

そこではいろいろなことが起きた。

二階にちょっと変わったアルコール依存症の人が住んだことがある。酒を飲んだらすぐ病的な酩酊状態になってしまい、目つきが変わる。ラジカセで軍歌をかけ、どこから持ってきたかわからない日の丸を物干し竿の上にくくりつけ、町の中を練り歩くのである。毎朝、皇居の方角を向き「遥拝《ようはい》」をしてから活動を開始するという筋金入りの愛国者でもあった。そして、日の丸を持ってあちこちの飲み屋に「オレはべてるのものだ」と言ってツケで酒を飲んで歩いた。あるときは病院に忍び込んで盗んだ医師の白衣を着込んで、救急外来をのぞいて看護婦に「疲れているので起こすなよ」などと言い置いてから町で飲み歩き、「今日はオペがある」などと芸の細かいホラを吹きまくっていたという。

ついでにもう少しつづけるが、彼の頭の中はすっかり戦争状態だった。自衛隊での生活経験が花開き「匍匐《ほふく》前進」で道路を渡ったりした。一階の私の部屋もしばしば作戦基地と化した。近所の犬を連れ込んだり、私の電話で国際電話をかけて「ホワイトハウスにつなげ！」とわめき散らしたりした。

そんなことが次々に起こりはじめるのだから、べてるの家に対する近所の評判はガタ落ちだった。盗聴器が仕掛けられていると言って一一〇番する人がいたり、取っ組み合いの喧嘩をして怪我をしたと言っては救急車を呼んだり、騒ぎには事欠かないところとなっていった。

浦河は小さい町である。

精神科を退院した人たちが繰り広げる奇想天外なエピソードはすぐ町中の噂になり、べてるの家も含めてそのイメージは最悪だった。そのため住居の確保ができない人たちは、入れ墨の入った人たちが住む古いアパートの一角が空いたら入れてもらうしかなかった。

町で暮らしはじめた私たちは本当に肩をすくめ、小さく目立たないように人目を気づかいながら生きていた。

「地域住民の理解」など、はじめから諦めていた

そのなかで静かに、本当に静かに、「この地域のためにできること」というプロジェクトがはじまっていた。

あの当時、「地域で暮らす精神障害者の社会復帰のために作業所をつくりたい」と行政に頼み込んでも、おそらく「地域住民の理解」という条件の段階でダメだっただろう。トラブル続きのべてるでは、地域住民の反対の憂き目にあうのは火を見るより明らかだ。それが浦河の現実だった。

しかしいま振り返ると、そのような地域の重圧と壁の厚さが効を奏したと思えてくる。「地域住民の理解」を得ることを早々に諦めて、早坂潔さんを先頭にメンバーが漁業協同組合に直接出向き、「浦河の昆布を全国の人たちに売りたいので昆布を分けてほしい」と頼みにいったのである。

かつては地元の生協も失敗したように昆布の販売は投機的要素も強い。年度ごとの作柄が価格に影響し、大損することもある。何よりも豊富な資金力と確実な販路の確保が必要である。

また古くからの老舗の流通経路が決まっているため、まったくの素人が新規に参入するなどというのはほとんど不可能な厳しい世界なのである。あるとすれば庭先で取引する「闇昆布」に手を出す羽目になる。地元の専業業者でさえ、過去何軒もつぶれている。

日高昆布を全国に売るなどというのはこのように、ほとんど「妄想」に近い発想である。とはいっても、それでも、この地域のなかで「精神障害者の社会復帰をめざす」ことよりはまだ現実性があったのだ。

なによりもメンバーの目の輝きが違った。「日高昆布で商売をやろう」「浦河の町のためになることをやろう！」と。

町はあんがい居心地がいいじゃないか!?

べてるのこの計画に対して、実現性を危ぶむ人は多くても、反対する人は地域には誰もいなかった。幸運なことに、消費量の頭打ちのなかで日高昆布の販路拡大をしたいという期待もあったのだ。漁協は原草の提供に全面的な協力を約束してくれた。「がんばってください」と激励さえしてくれた。そのようにしてべてるは、ゆっくりと荒波の猛る地域のなかに船出をしたのだった。

ここで重要なのは、昆布の産直は地域に出向くことなしには実現しなかったことである。昆布を入れる袋、密封する機械の購入、ラベルの作成、秤や昆布切りバサミの手配など、早坂さんをはじめ当事者が苦労しながら人脈をたどって準備していった。

しかし勇気をふるって船出した浦河という地域は、意外性に富んだ、想像以上に心地よい場所であった。なによりも、町で燃料会社を営んでいる小山直・祥子夫妻との出会いは大きい。

「へえ、そんな商売やっているの。知らなかった。なにか協力できることあったら言って……」

なんと協力の申し出を受けたのである。

「じつは、お客さんの管理にパソコンが使えないかなと考えています」
「じゃあ会社のパソコンを一台貸してあげるから」
小山さんはわざわざ持参し、べてるで使いやすいようにセットまでしてくれた。しかも、町内の企業人の学習と交流の場であるMUG《マグ》（三ページ）という勉強会からは、「経営やパソコンの勉強会に参加しませんか」という誘いまで受けたのである。

企業人はおもしろがってくれた

MUGではとても歓迎された。「精神分裂病の当事者が日高昆布の産直に乗り出している」ということや、「朝にならないと誰が出勤してくるかわからない」という話に興味をもってくれた。なにより商売を営む同業者として受け入れられたことがうれしかった。同業者としてかれらも、相次ぐ人間関係のトラブルのなかで苦しんでいたのである。

やがてパソコンや経営とは無縁の世界に生きてきたべてるのメンバーたちが、MUGの例会に大挙して参加しはじめるようになる。しだいに企業人とのネットワークができてきた。その企業の人たちのなかから、「べてるはおもしろい」という話が出るようになった。

それは信じられないことであった。

「病気が治る」ことや「社会復帰する」ことばかりが価値をもち、それ以外評価されない世界のなかで長いあいだ苦労してきたメンバーにとって、あいかわらず問題だらけで「商売」とはほど遠いような私たちの騒々しいありさまを「すばらしい」と評価してくれる人たちがいる！

それは驚きだったと同時に、そんな企業人の感性の鋭さと懐の深さに感服したのであった。

誤解や偏見あたりまえ!

このようにしてMUGの人たちとべてるのメンバーが中心となり、「べてるの家の本製作委員会」が発足したのであった。

その準備をしているとき「福祉だとかそんなことあんまり考えたことないから、勉強する場がほしい」という声があがった。それがきっかけとなり、地域住民とべてるのメンバーや関係者がともに語り合う「精神障害について学ぶ会」(後の「こころの集い」)がはじまった。

一九九一年五月、記念すべき最初の集いのタイトルは、「偏見・差別大歓迎! けっして糾弾いたしません」というものだった。べてるの挨拶は次のようなものだった。

「日ごろたいへんお世話になり、ご迷惑をおかけしております。救急車は呼ぶし、パトカーは駆けつけるし、新聞配達をしているメンバーはいつも、花畑があろうと野菜が植えられていようとも最短距離で通り、しかも所かまわず立ち小便をしまして、ひんしゅくを買っております。今日の集会は、そういうことも含めて、ふだんべてるに対して感じていること、経験したこと、なんでもかまいません。私たちに感じていることを遠慮なく話してください。今日は、『偏見・差別大歓迎!』ということで考えております」

この集会には、町の人たちが数十人も来てくれた。円座を組み、自己紹介からはじまった。

「精神分裂病の○○です」

「アル中の○○です。みなさんにいちばんご迷惑をかけています」
「入退院を繰り返しております」

こんな感じでべてるのメンバーは、病名とともにみずからの体験を紹介した。町の人たちも遠慮なく、「じつはここに来るまでは、べてるの人たちが正直いってこわかった」と言ってくれた。笑いの絶えない、じつに楽しい集会となった。それを機会に、町の人たちとの絆が深まっていった。以来、べてるでは「偏見をなくそう」ではなくて、次のように町の人たちに言いつづけてきた。

「偏見？　ああ、あたりまえです。差別？　みんなそうなんですよ。誤解？　誤解もよくあることです。病気をした私たちでさえ、この病気になったらもうおしまいだなどという誤解をして、慣れるまでけっこう時間がかかりました。ですから、みなさん大丈夫です。あまり無理して誤解や偏見をもたないように努力したり、自分を責めたりもしないほうがいいんです。体をこわしますから」

「地域には偏見が渦巻いている」という偏見

「誤解や偏見」は、誰かがもっていて誰かがもたないというものではない。誰もがいつも誤解や偏見にまみれながら、信じたり疑ったり、自信を失ったり得たりしながら生きているものなのだ。精神障害という病気を体験した当事者も「精神分裂病なんて最低だ」という幻聴に苛まれながら、自分の本当の価値を見出すまでにどれほどの時間と出会いと葛藤を費やしたことだろう。

精神保健を担う関係機関や医療機関は、地域住民を「精神保健に理解の薄い人たち」ととらえている。地域には差別や偏見が渦巻いていると考え、啓発活動に予算と時間を割いてきた。

しかしこれまでの二十数年を振り返ってみても、浦河ではその種の直接的な啓発活動は見事なまでに開かれていない。地域の子どもたちのための「木のおもちゃ展」を開催したり、「こころの集い」を通じて教育や町づくりを考えたり、ミュージカルを企画したりと、MUGの活動を通して出会った人たちと一緒になって地域の活性化にむけた活動をおこなってきただけだ。

「地域には偏見や差別が渦巻いている」と決めつけ、啓発活動をおこなってきた精神保健の専門家自身が、じつは地域を知らず、理解していないのではないか。

地域のなかにこそさまざまな出会いの可能性が眠っている。その意味で「地域の人たちは誤解や偏見をもっている」という見方そのものが、じつは地域の人たちへの大変な「誤解や偏見」であったことに気がつかされるのである。

第6章

利益のないところを大切に

会社をつくろう

向谷地生良

べてるの事業は、日高昆布の袋詰めの下請け、産地直送事業から、やがて紙おむつの宅配事業へと発展していった。浦河赤十字病院の営繕課でアルバイト（ゴミの回収や清掃等）に採用されるメンバーもあらわれた。

そのとき転機が訪れた。浦河赤十字病院で、営繕課業務を外注化するというのである。願ってもないチャンスだった。すでにアルバイトのかたちで、坂本辰男さんをはじめとするメンバーが数人働いていた。「メンバーの雇用の確保のためにも、ぜひべてるにやらせていただけないか」という交渉の末、出された契約の条件は「会社であること」だった。

紙おむつの宅配も、精神科病棟を手はじめにした個別配送も徐々に浸透し、他の病棟や地域からも注文がきはじめるようになっていた。そのような経緯のなかで「自分たちで会社を興そう！」という機運が盛り上がっていった。下請けの袋詰め作業から一〇年後、産地直送へ転換してから五年後の、一九九三年二月のことだった。

「会社をつくるときに大切なのは理念づくりである」ということを企業人から学びつつあった私たちは、さっそく会社をつくる目的や、大切にしたいもの、どんな会社にしたいかを話し合う場をもった。

「会社なんて簡単にできるの？」

「みんな朝起きれるの？」

早坂潔さんを司会に立てた話し合いは、冒頭から白熱し、かつ紛糾した。

いろいろな意見がかわされるなかで、新しく仕事に参加しはじめた一人の女性メンバーがみんなの議論に苛立ち、発言を求めた。

彼女は、人間も競走馬のサラブレッドと同じように純血を保ち、混血を排し、血統書を発行すべきであるという主張をもっていた。自分のこの尊い血をどうやって絶やさないようにしようかと毎日走り回っている人だった。

「あんたたちのような頭おかしい人に商売なんかできるわけないっショ！　町の商店を見なさいよ。みんなツブれてるでしょ。あたりまえの人でも商売うまくいかなくて困っているこのご時世に、朝も起きれない、長続きもしないあんたたちにできるはずないっショ！　それこそ、あんたたちね、頭おかしいんでないの⁉」

一瞬静まり返った後、みんなから「何それ！」という悲鳴にも似た声がわきあがった。

彼女の挑発的で刺激に満ちた言葉が、迷っていたみんなの気持ちを奮い立たせた。

早坂潔さんが猛然と反論しはじめた。

「頭おかしいってどういうことよ！　そんな言い方はないべぇ！」

今にもつかみかからんばかりの勢いで彼女のほうに詰め寄った。近くにいるメンバーが彼の体を押さえた。押さえられながら、彼女をにらみつけ言い放った。

「そんなことまで言われてチクショー！　腹くそ悪い！　つくるべ！　絶対会社つくるべ！」

最後の締めは、山崎薫さん——のちの介護用品のお店〈ぱぽ〉名誉店長——の言葉だった。

「私は、やっぱり会社をつくりたいと思うの。自分たちも病気になっていろいろと苦しい目にもあってきたけど、べてるが会社をつくってお年寄りや障害をもつ人たちのための車椅子や介護ベッドとかの商品を扱うっていうことは、そんな人たちと触れ合って少しでもわかり合えることになると思うし……。それは、べてるのはじまりのときに大切にしてきた『地域のためにできること』に当てはまると思うのね」

●坂本辰男さん

●村上　求さん

山崎さんの言葉に「そうだ!」という掛け声とともに拍手がわきあがった。

会社設立の陰の立役者

日高昆布の産直をはじめて四年が経っていた。「地域のために」という理念は昆布の産地直送からはじまったが、いま新たに福祉関連事業に乗り出すことによって、地域の高齢者や障害をもって暮らす人たちにより具体的に貢献できるようになるじゃないか。

その後の話し合いで会社の理念は、「利益のないところを大切に」と決まった。村上求さんの発案である。中学を出てから建具職人としてスタートした村上さんは、食品の営業を経験するなどさまざまな職業を経てきた。そして売り上げのノルマに追われてへとへとになり、そううつ病に至った経験をもっている。

「利益、利益と追求して人間を粗末にするのではなく、利益のないところを大切にすることが会社の利益につながる」

そんな商売をこころがけたいとの思いが込められていた。

そしてなによりも感謝すべきことは、罵るように会社の設立に反対してくれた彼女の存在である。彼女の真剣な反対がなかったら、べてるのみんなは、こんなにも深く会社をつくる意味を考えることもなかっただろう。そして、早坂さんや山崎さんや村上さんの言葉も与えられなかった。

会社の設立に反対した彼女の考えは、いまでも変わらない。それでも、べてるの歴史のなかでは彼女は功労者であり、毎年会社の総会にゲストとして招かれている。会社設立の影の立役者として。

第7章

安心してサボれる会社づくり

「弱さの情報公開」という魔法

下野　勉

べてるには、とても多くの仕事があります。経理や電話番から配達、集金、車の運転……。ぼくを含めてべてるのメンバーの多くは、昔は仕事をもっていましたが、職場の人間関係や将来への不安やさまざまな心配が重なり、再発を繰り返して職を失った経験をもっています。「働く」という言葉を聞くと、どうしても「再発」や「挫折」という言葉が浮かびます。働くことは、いちばん苦労してきた生活体験の一つです。

べてるでは「働き方」にその人の生き方の〝癖〟が出るといわれています。だから「働き方」のセンスを磨くことを大事にしています。そんなぼくの体験のなかから生まれた「安心してサボれる会社づくり」という理念は、べてるにとって永遠不滅のキーワードとして大切にされています。

サボりたいのにサボれない

ぼくがべてるの家に出会ってから八年になります。一九歳で精神分裂病と診断され、精神病院で、よだれが出るほど薬を飲まされて、すごく閉鎖的で管理的な扱いを受けた経験をもっています。

そんな自分が、べてると出会って仲間と仕事をしていくプロセスは、健常者として会社に勤め、努力して、がんばって、まわりから誉めてもらうプロセスとは正反対の経験の連続でした。

ぼくはギターが好きで、仕事のときも新しい曲やギターのことを考えています。ぼくはいままで、基本的に「仕事はつらいもの」と考えてきました。仕事はサボりたくて仕方がない。しかし、現実にはお金を稼ぐためにも働かなくてはいけない。将来への希望もあやふやで、自分が何をしたいのかもわからない。

そんな鬱積した感情でギターに凝りはじめると深みにはまり、仕事にも支障をきたすという悪循環に苦労していました。「サボりたいのにサボれない」という苦労のなかでぼくは悶々としていました。

一九九三年八月、札幌の近くの精神病院から浦河赤十字病院精神科へ転院し、ぼくはべてるでの仕事に挑戦しようとしていました。そんなときソーシャルワーカーの向谷地さんから「下野くんだったら、べてるをどんな会社にしたいと思う」と尋ねられたのを覚えています。

そのときぼくはこんなふうに答えたと思います。

「まず一人ひとりが、いろいろある仕事を全部覚える。自分がいなくなくなったときでも、ほかの誰かがすぐ代わりになってくれる会社がいいかな」

少しの不安や心配事にとらわれて働く気力を失い、バテてしまうことが多かったからです。

「社員はいつ休んでも代わりがきく会社？　それってサボることが許されるってことかな？」

「そう。安心してサボれる会社がほしいねぇ」

ぼくは燃費の悪いＦ１カー

一年近くの入院生活を経て退院したぼくは、べてるで請け負っているホームセンターの配達の仕事に挑戦しました。以前この仕事をやっていた佐々木社長から、「下野くんなら絶対一人でできる」と期待されてはじめたのでした。

期待されて、正直うれしかったです。最初は期待にこたえようと張り切ってがんばりました。

そのころ向谷地さんにこんなことを言われたのを覚えています。

「下野くんはＦ１カーみたいだね。カッコいいしスピードもあるし、馬力もある。いまはいいけど、フ

●下野　勉さん

アミリーカーのように燃費のいい車にならないと長続きしないよ」

燃費が悪いぼくは予定どおり、少しずつ疲れてきて一人でできなくなってきました。

「こんな仕事一人でやってられるか？　バカやろう！」って。

キレはじめたぼくのために、メンバーのなかから助手がつくことになりました。しかし今度は、その助手との人間関係に疲れて、またキレてしまうという悪循環がはじまりました。文字どおり「重荷」を背負う量が多くなってきました。そして、とうとうエンストを起こすことが多くなりました。

でも、「調子が良くないので代わってほしい……」の一言がなかなか言えないのです。言う相手さえ見つからない。たとえ仕事は休めても気持ちが休まらないというお決まりのパターンがはじまりました。

そして最後には予定どおりストレスがたまり、自分の苦しさを言葉で伝えられなくて壁を蹴ったり、精神的にも追いつめられていきました。入院したくて精神科の外来に受診しても、それが伝えきれない。

しまいにはやけくそになり、もうどうにでもなれと一一月の海に飛び込むという無謀なパフォーマンスまでして、ようやく入院という切符を手に入れました。ずぶ濡れで病院に行き入院が決まったとき、川村先生に「鮭でも獲ろうとしたのかい」と言われましたが。

このときあらためて、安心してサボれることの大切さとむずかしさを知りました。

「一人でできる」から「みんなの応援が必要」へ

ついに入院となり、「困っている」「一人でできない」という情報を少しずつまわりに伝えはじめたとたん、応援する仲間が増えてきました。

そして、一人でやっていた仕事がいまでは一〇人でローテーションを組む仕事に変わりました。毎週のようにミーティングが開かれ、コミュニケーションも生まれてきました。一つの仕事に複数のメンバーがチームをつくり、相互に支えあう体制ができつつあります。

いまでは逆に困っている人をサポートする余裕も出てきました。これで好きなギターもできます。「病気」も出せます。なんといっても「安心してサボれる」のがいちばんうれしいことです。

「安心してサボる」ことを会得したぼくが、配達の仕事をバトンタッチできるようになったチームのメンバーのなかに斎藤勲さんという人がいます。

●斎藤　勲さん

彼も子どものころから「期待にこたえよう。人一倍がんばろう」と努力してきた青年です。案の定「安心してサボる」という極意の習得に苦労し、ぼくから頼まれた仕事をこなさなければという重荷だけが彼に伝わってしまったのです。

彼は、ほとんど休むことなく「大丈夫」と言って、しかもきっちり仕事をこなしてくれました。まわりの人も驚くほど予想以上に仕事はつづいたのですが、これまた予定どおりいちばん大変なお歳暮シーズン前に「ガス欠」で入院してしまいました。

安心してサボることを伝えるのはむずかしいと思います。

彼もいま、期待されたり、期待にこたえたりする生き方や人間関係から自由になり、自分が何をしたいのか、べてるでどんな役割をしたいのかを模索中です。

第8章

人を活かす
二人の物語

向谷地生良

◎その1 「発作で売ります」
──べてる認定一級販売士・早坂潔物語

べてるの家の名付け親でもあり、隣接する教会に住み、ともに昆布作業に協力して家族同様に交流してきた宮島利光牧師一家が、一九八八年三月、道央の滝川市に新たに教会を開設すべく転居した。これは、べてるの家のメンバーにとって一つの試練だった。宮島牧師は八〇年八月に着任して以来、早坂潔さんの退院をはじめ、べてるの家の創設や仕事の確保に奔走してくれた。それればかりでなく日常的な食事の面も含めて協力を仰いでいたから、メンバーの動揺も大きかった。

宮島牧師一家を喜んで滝川に送り出そうとこころに決めたものの、早坂潔さんを先頭に、昆布の仕事にかかわっていたメンバーが櫛の歯が欠けるように続々入院するという事態となった。日高昆布の袋詰めの下請け作業も人手不足で在庫は溜まる一方で、猫の手も借りたい状況となっていた。

半年後の九月、新たに福島隆助牧師が浦河教会に着任したが、最初に待っていた仕事は、昆布の在庫の後始末だった。しかも新任の挨拶のためにべてるの家を訪れると、玄関先に立っていたのは不調きわまりない早坂潔さんだった。早坂さんは挨拶ぬきに突然牧師の襟首にしがみついた。

散々のスタートであった。

石井さん、工場長と口論して仕事なくなる……

昆布の袋詰め作業には、入院中にもかかわらず石井健さんも応援に駆けつけていた。事がおこったのは、その年の一一月だ。

午前中から皆がスタンバイして作業にとりかかろうとしても、肝心の原料の昆布が届かない。そこでしびれを切らした石井健さんが、工場に電話を入れた。石井さんは、入れ歯が合わないのと口がもつれるために、聞き取ることがむずかしいときがある。

「べてるの石井だけど昆布こないんだけど……」

すると電話に出た工場長にこう言われた。

「なんだって!? 聞こえないよ！　昼間から酒でも飲んでいるのか！」

カチンときた石井さんは叫んだ。

「酒なんか飲んでない！　早く昆布もってこい！」

「なんだ、その言い方は！」

工場長が怒り出し電話で口論となってしまった。

「もう、べてるには仕事を回さない！　機材引き上げだ！」

怒った工場側は、すぐさま昆布の袋詰めの器具・機材一式を回収にきた。メンバーの一人、高橋吉仁さんから「向谷地さん、石井健がケンカして、仕事もっていかれた！」との電話をもらい私が駆けつけたときはすでに機材は撤去され、みんなはただ呆然と床に座っていただけだった。

追いかけるように有志で工場長を訪ね、謝罪し再考を促したが、機材引き上げを撤回することはできなかった。

石井さんは仲間から、「おまえのお陰で仕事がなくなった！」と言われてしょんぼりしていた。石井さんばかりではなかった。あまりの突然のことにみんなが無力感に襲われ、何もすることのない退屈な毎日がはじまった。主力メンバーの相次ぐ入院、近隣からの悪評、下請け作業の中断……。

一方、すでに述べたように、病院では精神科ソーシャルワーカーである私が精神科出入り禁止となっ

●早坂　潔さん

た。そればかりでなく、浦河で計画されていた精神障害回復者の全道大会もその余波で中止を余儀なくされ、混乱に拍車がかけられた。積み重ねてきたものが、目の前で次々と崩れ去るような思いだった。

石井さん、一転してヒーローに！

そんな折、確かその年の暮れのことだ。石井さんと口論をして下請けの仕事を断ってきた昆布工場の倒産の報が伝わってきたのである。

どっちに転んでも、昆布の下請けの仕事はやめざるを得なかったのだ！　石井さんのお陰でべてるは、早々と下請けの仕事に見切りをつけ、新たな事業展開に踏み出すことができたのである。

「石井さん、ありがとう！」

一転して石井健さんはヒーローとなった。

もう後戻りはできなかった。みんなの腹は決まった。商売をやろう。下請けを脱して自前で昆布の販売をしよう。

とりあえず下請け時代に貯め置いた規格外の昆布に着目した。規格外のため見た目はよくない。小さめに切り、ビニールの袋に詰め、口コミで買ってもらうことにした。ただ、自前での昆布の販売を考えても、昆布の仕入先もわからなかった。販売ルートもない。考えついたのは、全国各地の知り合いに買ってもらうことだった。とくに、全国の教会で婦人会が中心になっておこなわれるバザーの商品として売り込むことが提案された。

潔ドン、販売部長に抜擢!

資金は、べてるの家の家賃の積立金と、べてるのなかではいちばんのお金持ちである佐々木実さんのへそくりから一〇万円を借りることにした。しかしなによりも最大の課題は、まずは売れる商品の開発、次に販路の確保だった。

そこでできたのが「だしパック」。昆布は刻むほどダシが出やすい。昆布を工作バサミで細かく刻み、それをお茶用の紙パックに詰めた試作品ができあがった。今度はそれを、いつ、誰が、どこで売るか。

「べてるで、いちばん営業向きの人材は……」

白羽の矢が立ったのが早坂潔さんだった。

袋詰めの下請け作業の時代に彼についたあだ名は「ウルトラマン」だ。仕事をはじめても、ウルトラマンのように三分経つとカラータイマーが鳴り、どこともなく飛び立っていなくなってしまうからである。昆布の袋詰めでは長続きのしない彼であった

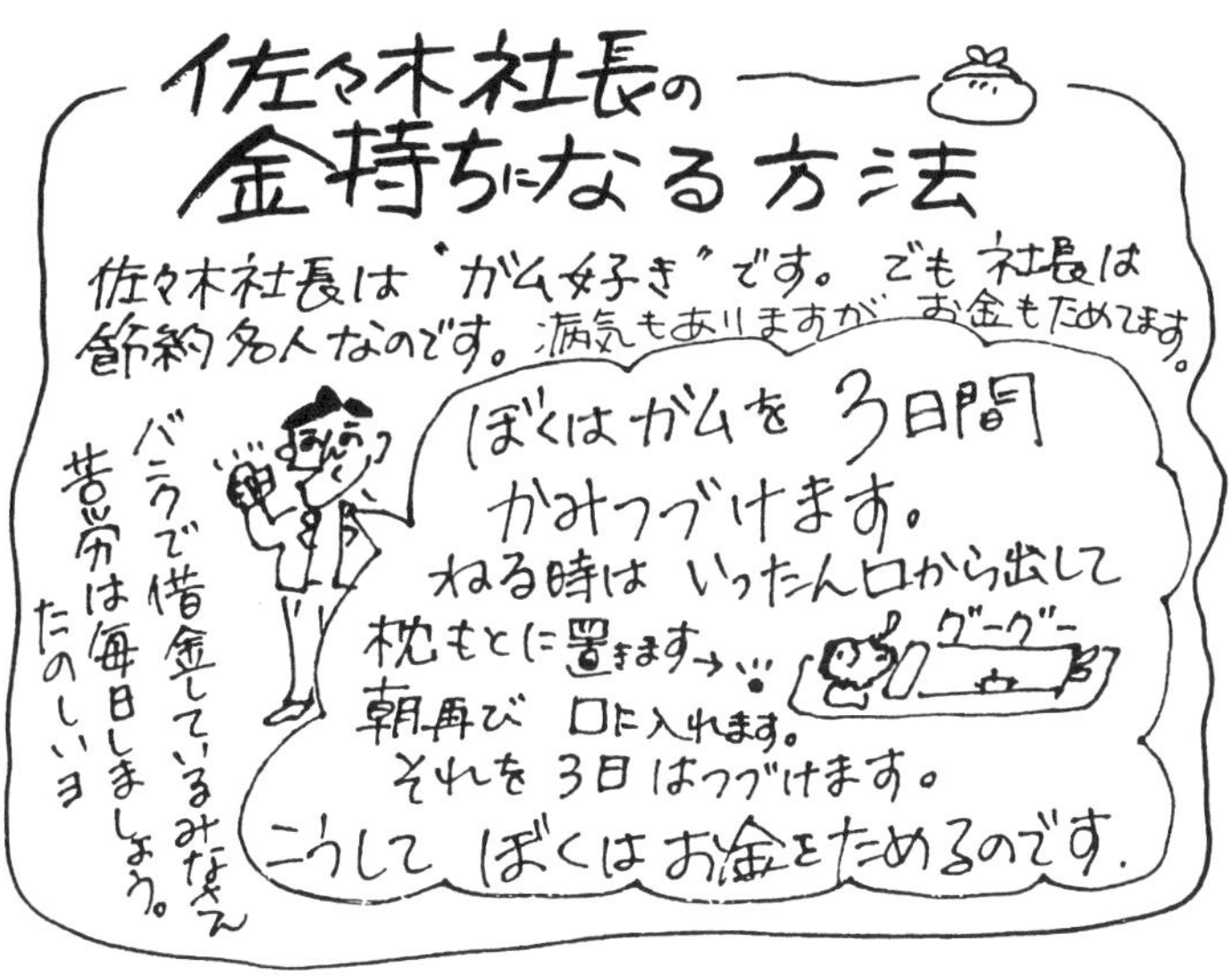

佐々木社長の
金持ちになる方法
佐々木社長は"ガム好き"です。でも社長は節約名人なのです。病気もありますが、お金もためてます。
ぼくはガムを3日間かみつづけます。
ねる時はいったん口から出して枕もとに置きます→
グーグー
朝再び口に入れます。
それを3日はつづけます。
こうしてぼくはお金をためるのです.
バラで借金しているみなさん
苦労は毎日しましょう。
たのしいヨ

が、しかしその個性的なキャラクターと、圧倒的な存在感は人を寄せ付けるには打ってつけだ。早坂さんは、メンバーの総意で「販売部長」に抜擢された。

なんとかなる……さ

最初の販売は、翌年の四月に札幌で開催される予定の全道の教会総会と決まった。道内の教会の牧師や信徒多数が集まる集会で、早坂さんの顔なじみの人たちも多数参加する。

ところが、記念すべき最初の試験販売を数日後にして、彼はべてるの家の前の路上を走り回り、「おっかねぇ！」といって怯える状態となり緊急入院してしまったのである。

販売前日になり、彼は主治医だった川村先生に相談した。入院してからも、彼は毎日のように廊下を突進し固まっていた。

「先生、オレ、あしたの販売どうしたらいいべ……」

するとと川村先生はあっさりと言う。

「いいから、行ってこい」

拍子抜けするほど簡単に外泊許可が降りたので早坂さんはいっそう不安になって、今度は相談室にやってきた。

「向谷地さん、オレ、販売に行っても大丈夫だべか……」

大丈夫なはずはない。

「う……ん、なんとかなるさ」

苦しまぎれにそう言ったものの、廊下での突進ぶりを見ている身としては心配だった。なかばやけくそで「なんとかなる」という思いで送り出したのだ。

「完売、完売」病気のほうが売れるぞ！

札幌の会場についた彼は最初は快調だったが、しだいに雲行きが怪しくなってきた。体は小刻みに震え、「ぐあい悪いからちょっと休む」と言ったまま長椅子に横になり、いつ走り出してもおかしくない状態となった。

ところが、それを見た総会に出席していたご婦人たちが、売り子を買って出てくれたのである。

「潔さんが、ぐあい悪いのに来て昆布売ってるんだよ。あんたも買って……」

持参した商品はまたたく間に完売した。

翌日、彼は意気揚揚と病院に帰ってきた。

「全部売れたわ！　完売！　完売！　オレは病気出てほとんどダメだったんだけど、婦人会の人たちが全部売ってくれてさぁ」

それを聞いた川村先生が、感心しながら、こう言って誉めてくれた。

「そうだろう潔くん。病気が悪いほうが売れるというのは、全国探してもあんただけだよ」

病気が悪くても売れる。いや、病気が悪いほうが売れる。この体験は、後の早坂潔さんのキャッチフレーズ「発作で売る」となり、その後のべてるの販売の原動力となっていったのである。

◎その2 「自分で自分に融資の決済」
――べてるどりーむばんく頭取・大崎洋人物語

外来患者の途切れた精神科の待合室の長椅子には、腹ばいになってタバコを吸い、ときおり意味不明の大声を張り上げる男の姿がいつもあった。入院中の大崎洋人さんだ。

彼は、回復者クラブ〈どんぐりの会〉の主要メンバーだった。車の運転ができるため、遠出の際にはメンバーの足としても活躍していた。

元銀行員だったが、精神分裂病を発病して職場を辞めて以来、さまざまな職業を転々としながら再発を繰り返し、十数年の長期入院となっていた。

大崎さんを復活させよう!

彼にとって最大の安心は「退院しないこと」だった。退院の二文字を聞くと彼はこころを閉ざし、了解不能の世界にこもってしまう。そこには、回復者クラブの有力メンバーだったころのかつての面影はなかった。

どこからとなく、往年の彼の活躍を知る人たちから「大崎さんを復活させよう!」という声が上がりはじめた。

「大崎さん応援団」として結成された特別チームは、主治医と看護婦、ソーシャルワーカー、べてるの家のメンバーから構成された。応援団の作業は、まずいまの大崎さんを知ろうということからはじめられた。

あらためてかつての彼の活躍ぶりを語り合い、同時に現在の彼自身の絶望感、喪失感に思いを寄せた。そして最初のアプローチとして、「ガス抜き」と称して、最低でも週一回以上大崎さんから話を聞くことからはじめた。

当時、そうしたこととは別の流れで「べてるに銀行をつくろう」という構想が急浮上していた。「ロサンゼルスの当事者の活動組織〈ビレッジ〉には銀行があるそうだ」――そんな情報を耳にして、べてるのメンバーは大いに乗り気になった。なにしろかれらがいちばん苦労しているのが、生活費のつなぎ資金であったり、運転免許をとるための費用であったり、旅行費用の用立てであったから。

●大崎洋人さん

「自立した幻聴さん」
べてるにいる大崎さんは、たくさんの幻聴さんがいます。その大崎さんがべてるの講演に1泊旅行したときのことです。
幻聴さん
川村Dr
大崎さん
もちろん72人もいる幻聴さんも一緒にでかけました。
ところが… 旅行につかれてしまった幻聴さんがいました。
先に帰ることになった幻聴さんたち
先に帰るよ
えー
えー
えー
一方 大崎さん自身は予定の日程をこなしました。
ぼくはべてるの銀行で頭取をしてる大崎です
ほぉー
〈講演会〉
そして べてるに帰ってみると…
先に帰った幻聴さん
おかえり～
ただいまー
あれ？ でも何人か幻聴さん少ないぞ？
数日後のことです。
ただいまー 観光してきたんだよー
ヒッチハイクしてきたよー
自分たちだけで観光して、しかもヒッチハイクでもどってきた幻聴さんたち
これで全員そろったかな
大崎さんの幻聴さんは自立しているのでした。

大崎さん、力を貸してください

「べてるにも銀行がほしい」という思いがみんなに広がっていった。やがてそれは、どんな銀行にしたいか、誰を頭取にするかという議論に発展していった。その話し合いのなかから、元銀行マンの大崎洋人さんを推薦する声が上がってきたのだった。

絶不調で入院中の大崎さんのもとに伝令が飛んだ。

「大崎さん。相談ですが、ぜひ力を貸してほしいことがあります。今べてるでは〝銀行〟をつくりたいと考えています。ついては、その銀行の頭取に就任してもらえないでしょうか。これはみんなの総意です」

「ええ？　このぼくが……」

「そうです。元銀行マンの大崎さんにお願いしたいんです」

「そうですか……。よろしいです。では頭取になりましょう」

ゆっくりとした口調で頭取への就任を承諾した大崎さんの顔は、いままで見たことがないような晴れやかさだった。

さっそくみんなで銀行の名前と理念の検討に入った。名前は、多くの候補のなかから、松本寛さんから提案のあった〈どりーむばんく〉に決まった。

そして、「みんなから出資してもらった資金をベースに無利息でお金を貸す」という前代未聞の銀行の具体的な理念は、次のようになった。

《お金も貸します。苦労も貸します》——お金も大切だけど、苦労も大切。だから苦労も貸してあげよう。

《鈍足対応》——融資には理事が集まり話し合うが、理事も病気をかかえながらの仕事だから大変だ。

《優柔不断》——話し合ってもなかなか融資は決まらない。借りたい人も粘りが必要。

《信用絶無》——借りるほうも貸すほうもお互い信用はない。あるのは病気という担保のみ。

私が頭取の大崎でございます

その年の春に開かれた毎年恒例のべてるの家の総会では、どりーむばんくの創設が決議された。挨拶に立ったのは、頭取に就任した大崎洋人さんだ。

「みなさん、私がこのたび、どりーむばんくの頭取に就任いたしました大崎でございます。道内でも銀行が相次いで倒産しています。そのなかで、べてるが銀行をつくるということはたいへん意義深いことだと思います。かつて銀行で働いた経験を活かし、みなさま方に喜んでいただける銀行、愛される銀行をめざしたいと思います」

大崎さんは、この日のために格調高い挨拶原稿を書き、読み上げた。そして頭取就任のお祝いに、出資者から営業用のカバンとネクタイがプレゼントされた。

大崎さんは、いまや全国各地を、講演を兼ねた「営業」に走り回るようになった。退院のことも少し考えられるようになってきた。

最近の口癖は、「入院しているとぐあいが悪くなる」「忙しいほうがいい」だ。しかも頭取自身が最近金欠病で、バンクの有力な利用者となり、みずからの融資にみずから決済をするという、ますますの「繁盛」ぶりだ。

第9章

所得倍増計画《プロジェクトB》

昆布も売ります。病気も売ります。

向谷地生良

NHKの人気番組に「プロジェクトX」というのがある。無名の日本人の隠れた業績を取り上げ、汗と涙のドキュメンタリータッチに構成するところが人気となり、高い視聴率を誇っている。それをもじってべてるの家では、所得倍増計画「プロジェクトB」という企画が進行中だ。〝B〟とはもちろん、「病気：BYOUKI」の〝B〟である。

べてるは芸能プロダクション

一九九五年からべてるの家の日常を撮影した『ベリー・オーディナリー・ピープル』は、二〇〇〇年の時点で全八巻を数えるようになった。

精神障害を体験した当事者が地域のなかで試行錯誤を重ねながら、たくましく、ときには飄々と生きていく様子や、悩み多い問題だらけの現実もありのままに紹介したこのビデオは、精神保健の世界ばかりでなく、さまざまな人たちの手を介して、全国各地で活用されている。

ビデオの出荷数は五〇〇〇本を越え、自費出版した『べてるの家の本』も一万五〇〇〇冊を販売するようになった。見学者も後を絶たず、人口一万六〇〇〇人の町に年間延べ一八〇〇〇人の人たちが訪れるようになった。全国各地での出張販売を兼ねた講演も三日に一度の割合で開催されている。年間売上げは一億円を超え、メンバーは大忙しである。

ところで、べてるのメンバーが講演先で聞く感想で意外に多いのが、「自分の病気を説明する当事者にはじめて出会った」というものである。

また、医師・看護婦など医療専門職を養成する大学や専門学校からの『ベリー・オーディナリー・ピープル』の引き合いが多いことにも驚かされる。そこから見えてきたのは、「いま、時代は当事者の生の声を求めている」ということだった。

実際べてるには、じつに個性的な精神分裂病体験をもった当事者がたくさんいる。

七年のあいだ四六時中人から見られている苦痛に耐えひきこもっていた清水里香さん（第14章）、幻聴の世界を見事に語りだしてくれた鈴木恵美子さん、お墓と話をした松本寛さん（第16章）、好きな歌手の声が心臓から聞こえる古海静雄さん……こんな多数の「タレント」をかかえ、さながらべてるは芸能プロダクションの様相を呈している。極めつけは、本田幹夫さんの「悪魔との戦い」である。

みんなを感動させた「ターッ」

あるとき本田さんのもとに、次から次へと悪魔が襲ってきた。本田さんは、あわててお父さんの運転する車で病院に向かう。不安は極限状態である。

「悪魔が来るよ！　助けて！」

叫ぶ彼に向かって、運転しながら父親が叫んだ。

「ターッツ！！！」

なんと、この気合のこもった一声は見事悪魔を振り払ったのである。

しかし、そこはさすがに悪魔である。振り払っても振り払っても執拗に襲いかかる。父子二人は必死になって「ターッ！」と悪魔に向かって叫び続けながら、やっとの思いで病院に到着したのであった。

こうして浦河赤十字病院に入院した本田さんは「将来自分が何をしたいかわからない」「何もやる気がおきない」と言い、寝ていることが多い毎日を過ごしていたが、しかしこの「ターッ！」のエピソードは本田さんの知らないところでみんなを感動させた。そして、栄誉ある二〇〇一年度幻覚&妄想大会（G&M大会）グランプリを獲得したのである。

●本田幹夫さん

2001年度 べてるの家総会の報告

今年のG&M（幻覚&妄想）大会も 350人の参加者を前に 盛りあがりました。

グランプリの栄光を手に入れたのは 本田幹夫くんでした

川村先生よりお祝いのことばがありました

治さない医者川村先生

「病気は治すより 活かす」ものですネ
妄想も治すより 伝えていくことで
様々な人に妄想が伝わって、多くの人に
広がって豊かさをつくる。
まさに 本田くんは べてる的な方法で
ビデオに出演しました。ビデオ部長として
どんどん ビデオを売って ぜひ病気御殿を
たてて下さい

本田くん

悪魔とたたかうヒーローなのだ

２００１年度G＆M大会
グランプリ　本田幹夫様

あなたは、悪魔の幻覚妄想に追われながらも、父親との連係プレーによる「ター！」と気合を入れる悪魔払いの方法を編み出し見事退治に成功いたしました。
特に幻覚妄想の体験を活かした講演活動への参加や「プロジェクトB」における自主企画ビデオの制作における活躍は、所得倍増計画の推進にも貢献いたしました。
よってここに幻覚・妄想大会２００１年度グランプリに賞します。記念品として、悪魔よけで有名な沖縄の「シーサー」の置物を贈呈致します。

２００１年6月8日

G＆M大会選考委員会
委員長　大崎洋人

全国G&M大会選考委員長の印

べてるの家自主企画ビデオ「精神分裂病を生きる」は、全10巻です。

第2巻に「ヒーローたちの戦い」という題で本田くんが登場します

グランプリ受賞
本田くんより
今では妄想がおさまっているので
かえって さみしくなった と語るヒーロー
本田くんです。
ぼくが 悪魔の妄想に
追われてるときに
「こわいよ こわいよ」って
言ってたら、お父さんが「タアー」
と かけ声をかけて、悪魔を
追い払ってくれたのがきっかけで
この「タアー」がうまれました。
それでは皆さん ごいっしょに
1.2.3 ハイッ
悪魔と戦う男
本田幹夫
僕
父
タアー
タアー
タアー
タアー
本田くん
会場のみなさんの
悪魔払いもしました。
悪魔
しゅん
タアー
カァー
ぼくは、「タアー」を何回も
くり返したので、この手の
形 が くずせなく
なりました。ぼくはもう
「お地蔵さんになるしか
ない」と 思ったものです
アハハハ
お地蔵さんの
本田くん
このように
本田くんは 講演会やビデオで 自分の妄想体験を話して
多くの人に妄想の世界を伝えてくれているのです。

まもなく彼は、講演でのスピーカーに抜擢された。浦河では、入院しながら全国の出張販売を兼ねた講演に参加するというのはめずらしいことではない。「回復は語ることからはじまる」というのが浦河の伝統でもある。

「講演？　オレ、人に話すようなことはないよ……」

こう戸惑い謙遜する本田さんだったが、「自分の経験を話すだけでいいから」という誘いにのって福島県での二泊三日の講演に出かけた。

大先輩の早坂潔さんとともに壇上に上がり、悪魔の体験を話した。そして、悪魔を撃退するためにお父さんがとっさに考案した「ターッ！」の話は、家族を中心とした聴衆を感動させたのである。

講演終了後の懇親会の席で彼は、「自分のことを人に話すことがこんなに気分のいいことだとは思いませんでした」と講演デビューの感想を語ってくれた。

ちなみに本田さんは、入院中でありながら福島講演の直前から「薬を飲まないでやってみたい」と希望し、「無脳薬」の状態で初講演に挑んだ。しかし講演終了後からふたたび幻覚がはじまった。最終日の朝、同行した早坂潔さんと朝食をとっている最中に、潔さんが突然、西遊記に出てくる「八戒」に変身する幻視に襲われパニックになる（早坂さんの体重は当時一〇〇キロを超え、史上最高を更新していた）。

こんなエピソードも加わり「本田幹夫は売り物になる！」と株は急上昇したのである。

病気を語るとお金が入る！

「本田幹夫売出し作戦」はやがて、他のメンバーとともに病気体験を語るビデオを製作しようという計画へと一気に進むことになった。これは二〇〇〇年度べてる総会で決定された「所得倍増計画」の具体化の一環でもある。

計画のポイントは、次の三つである。

❶学校の授業などでも使いやすいように三〇分前後の長さにすること。
❷とにかく分裂病を体験した当事者が「自分を語る」ことに主眼をおくこと。
❸売れた本数に応じて企画への参加者と出演者に「印税」を支払うこと。

「分裂病を語ると印税が入る」というアイデアは、珍現象を生み出した。
「オレもたしか一度は分裂病と言われたことがある」
「どちらかというと自分だって分裂病に近いのに……」

こんな、分裂病を羨み、分裂病になりたがる人たちが増えてきたのである。

病気体験を語るビデオの計画はさっそく、一九九六年から『ベリー・オーディナリー・ピープル』のビデオ撮影をつづけている映像作家の四宮鉄男氏に伝えられた。「おもしろい、やってみよう」という四宮氏の快諾を得たプロジェクトは、『ベリー・オーディナリー・ピープル』の第九巻として予定されていた「降りていく人生」の撮影とあわせて二〇〇〇年夏にはじまった。

医療関係者から最高の評価

浦河の町のなかでは、撮影クルーがべてるのメンバーを追って動き回る光景が目につくようになった。街角、自室、病室で、あるときは単独で、あるときは仲間どうしで、ひたすら病気体験が語られた。

そして、膨大な量のビデオテープの編集作業を経て、全一〇巻という予想を超える規模の構想が提案されたのである。

問題は、資金である。優に五〇〇万円を超える資金の調達は、頭を下げて借りることにした。最大の協力者はまたもや、有限会社〈福祉ショップべてる〉の佐々木実社長であった。そして、予備編集の画像のチェック、タイトル、装丁、価格など話し合いを重ねながら構想がしだいに具体化していき、試作ビデオが完成したのは二〇〇〇年一一月のことだった。

最初のプレ上映は、名古屋と北海道岩見沢市でおこなわれた。とくに岩見沢での精神科医をはじめとする医療関係者の集まりの場で、最高の評価をいただいたのは大きな自信となった。まさに今回のプロジェクトのターゲットは、「医療関係者に見てもらう」ことにあったからである。発売は、翌二〇〇一年五月末と決まった。

清水さん、「ニュース23」へ

「さあ、いざ出陣」という意気込みで今回のビデオプロジェクトに正式に名称をつけることとなった。それが冒頭に述べた「プロジェクトB」である。代表はもちろん本田幹夫さんだ。

この企画を聞きつけたTBSから誘いがあり、第一巻「四六時中のぞかれていた七年間」の清水里香さんが、二〇〇一年五月九日に「ニュース23」へ生出演した。

発売の噂を聞きつけ、しだいに問合せの電話も入るようになった。電話でのお客さんへの対応の仕方はどうするか、印税はどのように計算するのか、資金の返済方法はどうするか、東京のスタジオへの発注と支払いの方法はどうなっているのか、経費を浮かせるためにラベルの印刷をべてるでできないか、透明なフィルムをケースにどう巻くのか——などなど、話し合って決めなければならないことが次から次へと押し寄せてくる。まさしく「三度の飯よりミーティング」に明け暮れたのだった。

電話の応対は、SST(生活技能訓練:一七四ページ)を活用し練習をした。相変わらず「本当に売れるのかなあ」と病棟内ひきこもりを自称する本田さんだったが、「ニュース23」でビデオが紹介された翌日は朝早くから出勤し、電話を待ち受けた。反響は予想以上で、最初はおそるおそる応対していた彼もしだいに顔つきが変わり、見事な注文さばきで周囲を驚かせた。

過疎化が進む浦河では、地場の産物といえば日高昆布かサラブレッドに限られていた。しかしいまはそれだけではない。精神分裂病を体験した当事者の声は、日高昆布にも引けをとらない独自性に富んだ「名産品」に育ってきた。

当事者の所得倍増計画である「プロジェクトB」は、いま動き出しつつある。

第10章

過疎も捨てたもんじゃない
悩み深いところビジネスチャンスあり

向谷地生良

二年前、地域の老舗の本屋さんが、得意先に一枚の「お知らせ」を配布した。「諸事情から、従来、当店でおこなっておりました本や雑誌の配達を廃止させていただきます。皆様にはたいへんご迷惑をおかけいたしますが、よろしくお願い致します」

折からの出版不況も重なり、人員をかかえての書籍の配達は割に合わないものになってしまったのだろう。その結果、書店を通じて学術雑誌などを定期購読していた病院の職員が、いっせいに購読を中止するようになった。週刊誌や月刊誌の購読中止も相次いだ。「店に取りにいくのが大変」という理由からだった。

ブックサービス&トラベルサービスを立ち上げる

べてるの対応は早かった。メンバーの荻野仁さんを先頭に、書店との交渉がはじまった。

「べてるに配達を任せていただけませんか。べてるにとって日赤病院というのは庭のようなもので、毎日誰かが顔を出しています。紙おむつも配達しています。ですから、本の配達は特別なコストをかけなくてもできます」

交渉は成立した。本の配達から集金まで、全部べてるが引き受けることになった。本屋さんはべてるに若干の手数料を払い、納めた本代をべてるに請求するだけでいいのである。人件費をかけないで、従来どおりの本の配達が維持できるようになった。

これを機会にべてるの家では、新たな事業部門として古海静雄さんを部長とする〈べてるブックサービス〉が立ち上がった。

〈べてるトラベルサービス〉も、同じような経緯でできあがったものである。病院の職員互助会の福利厚生事業の一環として、職員が業務のかたわら担っていた航空券などのチケットサービスが廃止される

●荻野　仁さん

●古海静雄さん

ことになった。これを聞いたべてるは、航空会社の旅行代理店と提携し、地域サービスとしてはじめたのである。

インターネットの時代に、あえて「人から人へ」のサービスを地域で展開しはじめたべてるの両部門とも、売り上げは順調に伸びている。

必要なのは悪条件

浦河という地域も、過疎化と高齢化が進むなかで、暮らしにかかわる苦労や不便さが増している。べてるの家はつねに「地域の人たちが何に困り、何に不便を感じているか」をとらえ、地域の人たちの生活向上に寄与することを理念としてきた。昆布の産直も、紙おむつの宅配も、介護保険事業への進出もそうである。そして、地域の企業人との連携も「地域の弱体化」という危機感を共有しているからこそできたことである。

「べてるの家が今日までやってこれたのは、浦河には日高昆布があったからですよね。私の地域にはこれといって何もないし、お役所も動かないし、地域の理解も希薄でね」

べてるの家を見学に訪れた人から、あるいは私たちが各地に出向くたびに言われる言葉である。それに対して私たちはこう言う。

「過疎で、何も取り柄がなく、問題が山積した場所だったら、いつでもどこでもべてるはできますよ。必要なのは、好条件じゃなくて悪条件です」

そしてこうも言う。

「過疎も捨てたもんじゃない！」

過疎の町だからこそ、悩みは尽きない。悩みが尽きないところにこそ、さまざまなニーズが眠っている。地域に住む人たちの困りごとや悩みのなかに、担うべき役割やビジネスチャンスが隠されている。

所得倍増計画 "病気"御殿をつくろう

べてるは この度 体験者自身が 病気を語るビデオシリーズ
「精神分裂病を生きる」を発売しました。 苦労多きメンバーたちが 自分の病気（幻覚や妄想、発作の様子など）や病気とのつきあい方をリアルに語ります。 笑いあり涙ありの全10巻 ぜひご覧下さい。

7年間も部屋にとじこもって、1人で戦ってきた。まさか カメラの前で こんなペラペラ 自分の病気を話すようになるなんて 今でも 信じられない

第1巻登場 清水里香さん

『シリーズ 精神分裂病を生きる』

- **第1巻▶**妄想編その1 四六時中のぞかれていた7年間
- **第2巻▶**妄想編その2 ヒーローたちの戦い
- **第3巻▶**"幻聴"から"幻聴さん"へ
- **第4巻▶**721人の幻聴さんとともに
- **第5巻▶**成長する幻聴さん
- **第6巻▶**幻覚とも妄想とも仲良く暮らす
- **第7巻▶**ひきこもりのすすめ
- **第8巻▶**言葉にできない思いの爆発
- **第9巻▶**飲まされるクスリ 飲むクスリ
- **第10巻▶**話すことから始まる回復への道

各巻30分：6,000円［全10巻60,000円］税別

ビデオのお申し込みは
べてるビデオ事業部まで
TEL 01462-2-5612
FAX 01462-2-4707

おもしろいねえ
勉強にもなるねえ

このビデオを売り出すのに「プロジェクトB（病気）」というチームをつくりました。ぼくたちは"万年金欠病"から脱するべく、所得倍増をねらい、出演したビデオの売上に応じてギャラが支払われる印税制にしようと考えました。
出演者は 自分のでたビデオを売ろうと必死です。たくさんビデオを売って 家でも建てようかと妄想もふくらみます。 北海道では 昆布でもうけて、"昆布"御殿をたてたというようなこともあります。ぼくも"病気"を語って"病気"御殿をたてたいと考えてます。どうぞよろしくおねがいしまーす

ビデオ事業部長
本田幹夫くん
第2巻に登場

III

病気を生きる

第11章

三度の飯よりミーティング

話し合いは支え合い

向谷地生良

一九八八年に日高昆布の産地直送に乗り出して以来一〇年間で、年間一億円の売り上げを達成するまでになった。このべてるを支えてきたのはただ一つのことである。「ミーティング」をすることであり、「話し合う力」を育てることだ。

もろさ故に成長する企業体

べてるの家は、朝になってみないと果たして誰が出勤してくるのかわからないという、じつに心もない人たちによって支えられている。精神分裂病、アルコール依存症、うつ病など、人間関係というあらゆる組織の生命線ともいえる部分にもっとも深刻な「もろさ」をかかえた人たちによって成り立つ組織である。そしてべてるは、そのもろさ故に成長を遂げている企業体であるともいえる。

佐々木実さんや早坂潔さんら、べてるの事業を担ってきたメンバー一人ひとりの個性を丹念に見ていくとおもしろいことに気がつく。

佐々木さんは、超心配・超気くばり人間だ。佐々木さんが、べてるの家の前の道路標識を車で引っ掛けて少し曲げてしまったときのこと。みんなで元に戻し、ほとんど気にならない状態になったにもかかわらず、「警察には届けなくていいでしょうか」と聞く。

「いや、ほとんど気にならないですよ」

「そうですよね……」

そう言ったかと思うと翌日も言う。

「きのう、べてるの前をパトカーが通ったんですが、誰かが通報したとか……」

とうとう警察に正直に事情を話して「大丈夫」というお墨付きをもらうまで、佐々木さんの心配はつづいた。

早坂さんは、金欠病を脱却すべくタバコ代を節約するという大胆な方針を打ち出し、「禁煙宣言」をした。しかし禁煙は一日も持たなかった。でも禁煙を宣言した手前、人に会うたびに「タバコをやめたんだって?」と聞かれると、つい「うん」と言わざるをえない。

しだいに彼は眠れなくなり、無口になり、ついに爆発してしまった。

「じつは、オレ、こっそりと吸っていたんだ」――これが言えなくて早坂さんは悶々としていたのだ。とにかくウソは体に悪いというのが彼の口癖である。

べてるのリーダーたちはみんな心配性で、人とのつきあいが不器用で、およそビジネスの世界で求められるリーダー像とは正反対のキャラクターをもっている。一緒に働く仲間もそれ以上に自分中心であるくせに自信がなかったり、さらには幻聴に苛まれたりしている。しかもべてるには、人から指図され、叱られながら我慢して仕事をつづけることのできるような器用な人間は誰もいない。

そんなメンバーの過去の挫折や行きづまりを見ていると、彼らが「関係」に挫折してきたことがわかる。それは他者との関係であり、自分との関係だ。

だから関係に挫折し自信を失ってきた一人ひとりが、持てる力を発揮するためには、「関係」において回復し、関係のなかで自信をとりもどしていくしかない。その意味で「ミーティング」とは、問題を出し合い解決する場ではなく、傷つき、自信を失いやすい者たちがお互いを励ましあうプログラムとしてある。

べてるでは、「ミーティング」がひと月に一〇〇回近くも開かれている。次のような種類があり、参加はすべて自由だ。

●新しい住居を建てる、社会福祉法人化する、など大きな問題について話し合う、べてるの家全体の運営ミーティング

●OA事業部やプロジェクトB（七七ページ）など、べてるの事業を担うチームごとに随時開かれるミーティング

●入院した仲間のカンファレンスへの参加を促したり、地域で暮らす当事者の生活支援のためにひらく

《浦河港に怪人あらわる?!》

ある日、向谷地MSW氏は看護学校での授業中に学生から質問をうけました。

看護学生「ちまたで、うわさがあるんですけど、深夜の浦河港で電信柱と闘ってる**怪人**がいるっていうんです。

まわし蹴りしたり、コンクリートの上で何百回も受け身したりしてるんです。」

向谷地氏「社長だな。真夜中の1時からトレーニングしてるからなあ。」

「その人の年令は?」

「絶対!20代です」

「えっ?社長はもうそろそろ60才なんだけど…」

そこできいてみることに…

「社長!うわさで怪人がでるってきいたんだけど…ぜったい20代だって言うんだけど、知ってるかい?」かくかくしかじか

「それ、**ぼくです**」キッパリ

やっぱり

(有)福祉ショップべてるの社長 佐々木さん
50代後半とは思えないひきしまった体。ピチピチ

佐々木社長は、夕方5じにきっちり 誰が何と言おうと 仕事を終え、晩しゃくをして、6じすぎには床に入ります。
そして夜中の1じごろに起き出して、
うで立て500回!と 腹筋500回!!をし、
全力疾走もします。ときおり腹筋のしすぎで、おしりから血が出ます。
また、柔道の受け身を練習します。冬、雪の中で練習して…。とぃや
雪の下には大きな石があり…。おでこには血が…。
そういう生活を20年近くつづけています。ところが…。

《入院しても社長はやっぱり社長》

体の健康には人一倍気をつかっている社長でしたが、10数年ぶりに調子をくずし入院ました。
だけど入院して、保護室に入っても社長はやっぱり社長だったのでした。

やっぱり社長①
保護室に入っても20年来の体力づくりはかかさず、うでたてふせ500回をしました。が、ちょっと手をつきまちがえて、前歯を2本折りました…。
ゴンッ ガキッ
「大丈夫です」

やっぱり社長②
社長の入院中、身内に不幸のあった岡本さんは香典に出すお金がありませんでした。そこでいつも社長をたよりにしている岡本さんはまよわず社長のもとへ。
岡本さん「お金かしてくれねえべか」
「ああいいよ」

ミーティング
●セルフケアのための八つのステップを用いたＳＡ（Schizophrenics Anonymous：精神分裂病などの経験者による自助グループ）ミーティング
●共同住居のミーティング

「金曜ミーティング」の三つの柱

このように数あるミーティングのなかでも「金曜ミーティング」はいちばん歴史が古く、出席者も多い。

ミーティングはまず司会者がそれぞれに「体調と気分」を聞いていくことからはじまり、次の三つの柱にしたがって進んでいく。

❶みんなで「今週の良かった点」を出しあう。
たとえば「今週は注文もたくさん入り、売れ行きがよさそうで安心しました」というように。どんな小さなことでも、仕事や生活を通じて得た実りや収穫を分かちあう。

❷次に「今週の苦労人」。
「友達に金を貸してくれってせがまれて大変です」というようにお金の貸し借りで苦労した人や、体調がすぐれなかった人など、いろいろな人の苦労が紹介される。「○○さんの苦労はとっても良い苦労ですねぇ」といって誉めてもらえる。

❸最後は「さらに良くする点」。

ここで、仕事を通じて感じたり気づいたことを出しあう。よく問題を指摘する人もいるが、あくまでも「さらに良くする点」についての具体的な提案を言ってもらう。

「表現することの危機」を乗り越える

べてるではこのように、SST（一七四ページ）で用いている「良かった点」と「さらに良くする点」という肯定的な視点、そして「苦労を分かちあう」ことを、あらゆる日常のミーティング場面に取り入れている。

「話し合う」ということは、大切な自己表現の場であると同時に、支え合いの場でもある。べてるのメンバーが精神障害という病気をとおして経験してきたさまざまな危機は、「表現することの危機」でもあった。その意味で、話し合いの質が一人ひとりの生活の質に影響を与える。そしてその影響は、べてるの家ばかりでなく、べてるに連なるさまざまな人のつながりや、その場全体のコミュニケーションのあり方にも影響を与えるということを経験的に学んできた。

だから「三度の飯よりミーティング」という理念に象徴されるように、ミーティングはべてるの家の生命線であると同時に、一人ひとりにとっての暮らしの生命線でもある。

第12章

幻聴から「幻聴さん」へ
だんだん〝いい奴〟になってくる

向谷地生良

べてるの家を特徴づけるものに、一九九〇年からはじまった「幻覚&妄想大会」、略して「G&M大会」の開催がある。この大会が開かれるきっかけになったのが、〈ほっとハイム〉という共同住居でのミーティングだ。ミーティングのなかでいちばん盛り上がるのが、それぞれの生々しい幻覚妄想体験だったのだ。

二階から牛、男性が妊娠

共同住居の二階に住んでいた米田和男さんは、夜中トイレに行くのが面倒で、誰にも見られないようにいつもこっそりと窓から放尿していた。ある日の晩、いままで嗅いだことがないくらいのにおいが部屋にたちこめたかと思うと、窓際に突然緑色と茶色のぶちの牛があらわれ、噛みつかれそうになったのだ。彼は「殺されると思った」と言う。

ところで、彼の部屋は二階である。二階をのぞき込んだ牛の足が長かったのか、首がキリンのように長かったのかをめぐる議論はたいへん盛り上がり、米田さんは見事その年のG＆M大会のグランプリを獲得した。G＆M大会は、いまや浦河町の名物行事になってきた。

米田さんの翌年のグランプリは、松本寛さんだった。彼はもちろん「男性」だが、なんと妊娠してしまったのだ。入院中に看護婦さんに片思いした途端、その看護婦さんの子どもがお腹のなかで勝手に育ちはじめた。おまけに、つわりとともに流産までしてしまったという、なんともユニークな妄想で、見事にグランプリを獲得した。北海道新聞には「松本寛君、『べてるの家』幻覚＆妄想大会でグランプリ」と記事にまでなった。

木林さんの妄想は もうおそい
あのねえ 私ねえ 自分が 日蓮大上人様だと おもってたの。ずーと 何年も前からだよ。だいぶん 真剣に そう思ってた。それで、大上人様は 自分の父親と子どもをつくるんだよね。だから そうしないといけないと思って、近所のおじさん（この人を何故か 父さんだと思ったらしい）と 子どもをつくろうと 思ったんだわ〜。
木林さん
べ・べつにいいけど
子どもつくろー
大上人様だと おもいこんでる 木林さん
近所のおじさん 顔見知り→
ガバッ
ところが なぜか 1万円をもらった
一万円あげる
ありがとーっ
ふーん
今つくらないと のちぞえができない 世界中の人々が こまるんだー
ということで 商談成立。
ゆみちゃん
それって売春だ。なんで そんなこと……。
って言われたんだけど、大上人様は もともと "遊女" だったらしくて、そのとき 子どもができたんだわ。だから ピッタシでは。今かんがえたら ぞっとする けど、そのときは 一途に信じてたから、なーんも おっかなくなかったんだ。あー でも 子どもできなくてよかった。そんでさー その頃つきあっていた中村さん はねえ→
木林さんの妄想を信じてた→中村さん
大上人様とつきあうわけにはいかない そんなだいそれたことは…
こう言って別れたんだよねえー
でもね、妄想だって気づいて 支えがなくなってさみしい。どうやって生きていっていいかわからない。子どもつくるようなこともして。妄想だったなんて もうおそいっ

人とのつきあいにも似て……

医療の場では、幻覚妄想は非常に忌まわしいもの、つらいものとして考えられてきた。だから幻聴の中身に立ち入らないことを重視したり、なんとか薬の力で封じ込めようとしてきた。

しかし、すべての人の幻覚妄想が単純に薬の力で消えるわけではない。嫌々でもつきあっていかなければならない場合も少なくない。

孤独で、将来に希望のないなかで聞く幻聴は、おしなべて「死ね」とか「馬鹿」とか、とにかく嫌なことを言ってくる。ところが、不思議なことに仲間が増え、人とのコミュニケーションが豊かになると、幻聴にも愛矯が出てきたりする。

そのような当事者の体験を聞かされるにつれ、幻聴とのつきあいは人とのつきあいに似ていると思う。その人自身が置かれた日々の人間関係や、その人自身の暮らしのスタイルと密接に関連していることがわかってきた。

そして誰が言うともなく、幻聴は親しみを込めて「幻聴さん」と呼ばれるようになっていった。

スタイル抜群の「タカハシ」さん

共同住居で暮らす村中弘子さんの部屋には、中学生時代の同級生が住み込んでいる。もちろん「幻聴さん」である。おもしろいことに、幻聴さんは天井の隅に住み着いている。村中さんは言う。

「寝るときには布団も敷きません。名前を聞いたら『タカハシ』という名前でした」

彼女にとってタカハシさんは、嫌な存在であると同時に、一〇年同居した「彼」でもあるのだ。

「じゃ、タカハシさんと一〇年間も同棲しているんだね」と言うと照れくさそうに笑う。

そんな彼女もときどき、タカハシさんとのつきあいに苦労する。

「タカハシが、私にご飯を食べるなって言うの」

「それは嫌なことを言う人だね。ところで村中さん、痩せたいって言っていたよね」

「そう、あまりに太っているからね」

「じゃあ、タカハシさんも気にしてるのかな」

「そうかもね」

「タカハシさんは、痩せているの？　太っているの？」

「ちょっと待ってよ、聞いてみるから……あっ、スタイルはね、いいそうです」

「すごいね、タレントでいうと誰に似てるの？」

「タレント？……ちょっと待ってください」

タカハシさんは、スタイル抜群で、趣味まであるというのだ。

べてるのメンバーである松本寛さんが、製薬メーカーの研修会に招かれたときのこと。「製薬メーカーに望むことは」という主催者からの質問に対して彼はこう答えた。

「ぼくはお金もないし、浦河はそんなに遊ぶところもないし、とにかく暇なんです。そんなとき幻聴さんはぼくの遊び友達だし、話し相手でもあるんです。だから、いい薬はつくってもらいたいのですが、ぼくの幻聴さんだけはなくする薬はなるべくつくらないでほしいんですけど……」

会場は、爆笑の渦に巻き込まれた。

七二一人の幻聴さん

幻聴さんの数で皆を圧倒しているのが、どりーむばんくの大崎洋人頭取だ。

彼のまわりを七二一人の幻聴さんが飛び回り、多いときで二〇〇〇人の幻聴さんを引き連れて彼は講演にいく。

「みなさん、こんにちは。今日は二〇〇〇人の幻聴さんがぼくと一緒に飛行機に乗ってここに来まし

大崎洋人作
幻聴ボクやねん
男性
21世紀モデル
身長2cm低い
2000年モデル
〈横〉
1999年モデル
大崎さんの幻聴さんたち
年々 姿を変えるらしい
ぼくに何か たのむときは、幻聴さんからも許可を得て下さい。薬を変えるときもです。よろしくね〜。

た。講演を聴きにきている人は二〇〇人ですが、この会場には一〇〇〇人の幻聴さんがいます。残りは、市内見物に行って帰ってきません。いちばん前のあなたの肩に、かわいらしい幻聴さんが乗っています。気に入ったら一緒に持って帰っていいですよ」

大崎さんの幻聴さんは、毎年、モデルチェンジをする。だからべてるの総会では、毎年、新しい幻聴さんの紹介がされる。

なによりもすばらしいのが、大崎さんの幻聴さんへの「いたわり」だ。「幻聴さんを責めたらだめなんです。かわいいねぇって頭をやさしく撫でてあげると、とっても喜んで機嫌がいいんですよねぇ」

それを語る大崎頭取のうれしそうな笑顔が、とても素敵でした。

第13章

自分で付けよう自分の病名

勝手に治さないという生き方

向谷地生良

全国各地の講演会にひっぱりだこの早坂潔さんをはじめとして、べてるの家のメンバーは、基本的に自分の病名を隠すことはしない。しかも自分の病気の体験が、その人なりの自己流の〝病名〟となっていく。「精神バラバラ状態の早坂潔です」「電波病の松原朝美です」というように。

毎年秋、名古屋では「べてる祭り」が開催される。べてるの家の活動と出会った名古屋の市民有志の方々が、手づくりではじめた交流会である。

「祭り」といっても、べてるを賞賛し、奉る会ではけっしてない。べてるのメンバーも一人の参加者として手弁当で参加し、べてるの育んできた理念とふたたび出会い、市民のパワーから学ぶ楽しみな行事の一つである。

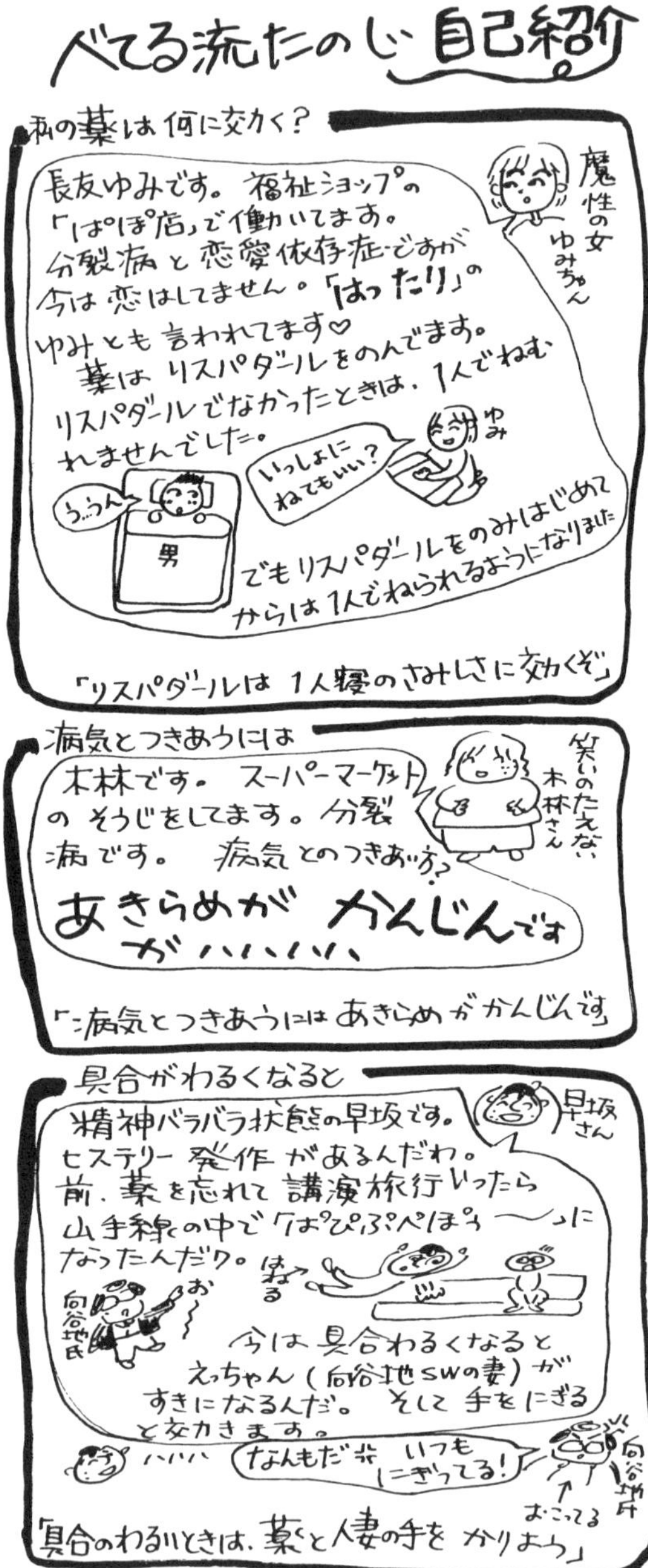
べてる流たのしい自己紹介
私の薬は何に効く？
長友ゆみです。福祉ショップの「ぱぽ店」で働いてます。分裂病と恋愛依存症ですが今は恋はしてません。「はったり」のゆみとも言われてます♡
薬はリスパダールをのんでます。リスパダールでなかったときは、1人でねむれませんでした。
魔性の女ゆみちゃん
いっしょにねてもいい？
ゆみ
うぅん
男
でもリスパダールをのみはじめてからは1人でねられるようになりました
「リスパダールは1人寝のさみしさに効くぞ」
病気とつきあうには
木林です。スーパーマーケットのそうじをしてます。分裂病です。病気とのつきあい方？
あきらめがかんじんです
ガハハハハ
笑いのたえない木林さん
「病気とつきあうにはあきらめがかんじんです」
具合がわるくなると
精神バラバラ状態の早坂です。ヒステリー発作があるんだわ。前、薬を忘れて講演旅行いったら山手線の中で「ぱぴぷぺぽ〜」になったんだワ。
早坂さん
向谷地氏
お〜
今は具合わるくなるとえっちゃん（向谷地SWの妻）がすきになるんだ。そして手をにぎると効きます。
ハハハ
なんもだ〜 いつもにぎってる！
向谷地氏
おこってる
「具合のわるいときは、薬と人妻の手をかりよう」

べてるのメンバーに相談すると……

数年前、そこで「べてるのメンバーによる市民相談会」というワークショップを開催した。二〇〇名ほどの参加者に配布された用紙には「病名」と「症状」を書く欄があり、参加者がそれぞれ自分なりの病名や、自分で苦労している症状を記載する。そして会場の前につくられた相談コーナーに出向いて、べてるのメンバーに相談するというワークショップである。

正面の相談コーナーには、早坂潔さんや下野勉さん、松本寛さんらが座り、開始早々相談者が列をなすほどの繁盛ぶりだった。

ある中年のサラリーマンは「なんでも引き受け病」という病名を書いた紙を下野勉さんのところに持参した。

「仕事上、人からなにかを頼まれると、嫌われるのがこわくて、ついつい断りきれずに引き受けてしまい、行きづまってしまう」

症状欄にはそう書いてあった。

「これは重症ですね。このままいくと、めでたくぼくたちの仲間になれます。基本的に、あなたはいい人です。いい人なんだけど、自分をいい人だとは思えない……」

下野さんがこう話し出すと、そのサラリーマン氏は「そういうところがあります」と真剣にうなずき、「ところでぼくはどうしたらいいでしょうか……」と尋ねた。

するとそこに、隣に座っていた松本寛さんが割り込んできた。

「ねえ、おじさん。ぼくも子どものころ、大人になったら毎日死ぬまで八時間働くのかと思ったらゾォーッとして、病気にでもならないかなと願っていたらちゃんと病気になって願いがかなったんです。病気になれば人にものを頼まれなくなるから、いっそのこと病気になるか、そんな会社を辞めるか……」

するとサラリーマン氏は「会社を辞めたら食っていけないし」と真顔になって言いわけをはじめた。

そこへ松本さんの一言。

「そんなことないよ。生活保護を受けたらいいですよ」

相談会場は爆笑につぐ爆笑で大いに盛り上がった。

懸命に生きた証としての「病名」

名古屋でのワークショップはメンバーにとっても大きな自信となった。講演メンバーの一人は浦河に戻ってきてからこう言ったそうだ。

「川村先生、今度、精神科の外来に呼んでくれ。クスリを出す以外だったら手伝ってやっから」

ワークショップでの「病名」はまさしく、その人たちの置かれた状況そのものだった。病気になって、病名がつく。このことは医師の専権事項ともいえる領域であり、従来から当事者の入り込む素地はまったくなかった。しかし浦河では、病名は、自分のいままでの生きた歴史と、これからの生き方に連なる大切なシンボルとしての意味をもっている。

「病名」は、医師が診断した医学的な事実やたんなる忌まわしい記憶としてではなく、一人の人間として懸命に生きてきた証としてである。精神病という病気の体験が誇りをもって紹介され伝えられるべきものとしての「病名」である。

早坂潔さんは自分の病気を「精神バラバラ状態」と表現する。これも、東京での講演の際に服薬を忘れ幻覚妄想状態——これを「ぱぴぷぺぽ状態」という——になったことをきっかけに彼が編み出した病名である。医学的な診断名を超えた思いと歴史が刻まれているのである。

勝手に治ると始末が悪い

しかもべてるのメンバーは誰も、「病院にかかったおかげで治った」とか「先生のおかげで治った」

などとはお世辞でも言わない。メンバーも平気で「川村先生の失敗作です」と言う。しかも、「先生のおかげで治った」などという治り方は「もっとも良くない治り方」だとみんながわかっている。

長い間、精神分裂病の症状の再燃に苦しんできた水野典子さん(第17章)は言う。

「精神的な混乱状態や表面的な症状が落ち着いた今がいちばん苦しい」と。

薬は、症状の緩和と予防には効果があるが、いかに生きていくかというその人固有の人生課題の解決には当然のごとく無力である。人につながり、人に揉まれ、出会いのなかではじめて、その人らしい味のある本当の回復がはじまる。だからべてるでは、誰からともなく「勝手に治すなよ」とも言われる。「独りぼっちで勝手に治ると、病気のときよりも始末が悪い」からである。こんなことが、一つのことわざのように当事者から当事者へと伝えられていく。

第14章

諦めが肝心
四六時中、人に見られていた七年間

清水里香

私にとって明らかな病気のはじまりは、大手スーパーの新入社員として入社して間もないときでした。

入社した当初は、研修などで同期の仲間どうしで話すことが多く、先輩と仲よくなる前に男の子と話す機会のほうが多くありました。すると突然社内で「清水さんは誰々とつきあってる」という噂がはじまりました。

噂はどんどんエスカレートして、ついには「男好き」とか「次から次へと男にちょっかい出して、あの新しく入った新入社員の女は何!?」などと言われはじめるようになりました。

私は自分では何もできず「そんなことないのに」と、毎日家に帰って泣いてばかりいました。私は、ただ一所懸命働きたいだけなのにと思って、「負けるもんか」「負けるもんか」と必死になって会社に行っていました。

清水さんはエスパーだ

そんなある日、朝礼で、突然、私の考えていることが相手に伝わり、言い当てられるという出来事が起こりました。とにかく驚きでいっぱいでした。

その後、私の考えていることがみんなに言い当てられるようになり「清水さんはエスパーだ」と言われるようになりました。三〇〇人の従業員全員に私の自分の考えが一挙に伝わり、エスパーだという噂が広がっていきました。

いつしか、私をいじめていた人たちが幻聴としてあらわれ、一日中私についてくるようになりました。私がどこに行こうとも、私の考えていることが相手に伝わります。繰り返し笑われたり、トイレに入っても「ねー、あれ見た？　見た？」と売り場の人たちから噂されます。

居たたまれなくなり「この人たちから逃げたい」と思いましたが、今度は家に帰った後もその人たちが家のなかをのぞき、部屋の様子や家族のことを噂するのです。

どこに行っても、寝ているとき以外はつねに頭の中を監視され、息さえも自由に吸えない状況にまで追い込まれていきました。私はさんざん悩んだあげく、「早くこの人たちに幸せになってほしい」「私をいじめることに夢中になっていないで幸せになって」と祈りました。

「このテレパシーさえなければ、自分は社会人としてやっていけるはずなのに……」

すべてテレパシーのせいだとしか考えられなくなった私は、必死で負けまいとがんばりました。しかし、どこまでいっても幻聴(テレパシー)につきまとわれます。

あるとき、私自身がいちばん見せたくない弱い自分までも見られたとき、とうとう強がっても強がりきれず、突っぱねられなくなってしまいました。もう、これ以上がんばれない。どこにも自分の弱みをさらけ出せなくなったとき、限界がきました。

会社を辞めてひきこもり

そのときの挫折感は非常に大きく、しまいには会社で過呼吸の発作を起こすようになりました。こころの中がガタガタになり自信を失っていきました。こころの中の「叫び」や「弱さ」が頭の中から吹き上がるように出てくるようになりました。冷静になるよう必死に自分を抑えて、ちゃんとしていようと思えば思うほど幻聴がひどくなっていきました。

たとえば、まったく見ず知らずの、通りすがりの、顔すらよく見えなかった人に対して「この人好き……」という声が突然、頭の中に聞こえてきます。頭の中で考えているのではなく、言葉になって出てくるのです。

人が聞いたらひんしゅくを買うようなことばかりが頭の中に浮かんでくるようになりました。ついには、自分というものにまったく自信がもてず、会社には行けなくなり、辞めざるをえませんでした。

会社を辞めても五年くらいは幻聴につきまとわれ、人の目がこわいので昼夜逆転の生活になりました。でも、夜中でも必ず一人二人は私を監視している人がいました。トイレもお風呂も監視され、気持ちに自由がなくなっていきました。いつも心臓をぎゅっとつかまれている感じで、気持ちがしだいにすさみ、家族にもやさしくなれなくなっていきました。

家族に「じつは私はエスパーでみんなに監視されている!」と言っても、「そんなことあるわけないでしょ……」と私の何がつらいのかまでは伝わりませんでした。

自分いじめがやめられない

私はつねに人（私に幻聴を言う相手）から監視され、「人の目にうつる自分」にがんじがらめになり、七年間ずっと自分を見失っていました。

頭の中から聞こえるもう一つの現実にばかりこだわり、人とかかわることから逃げるようになりました。自分の体が裸でいるよりも、こころを裸にされていることのほうがすごく恥ずかしくて、人から監視されないためには人とのかかわりを絶つことしか考えられませんでした。これ以上「幻聴」を増やさないためにも、人間関係を断ち切って、自分に関心をもたれないよう、ひきこもることで自分を必死に守っていました。

●清水里香さん

人とのかかわりを絶ち、ひきこもるようになると、今度は自分を辱めるような言葉が次々と頭に浮かぶようになりました。いじめが続くと、気づかないうちにこころの中でいじめられている自分が習慣化されていきます。自分を卑しめることが習慣化されていくのです。

それはまるで「自分いじめ」とでもいう状況で、「自分で自分をいじめることをやめられない」ことが、私にとっていちばんつらいことでした。

浦河への逃走……いい苦労をしてきたね

そのころ、母からべてるの家のことを紹介されました。もう、どこでもよかったのです。とにかく、自分のことを誰も知らない北海道の浦河まで逃げたのでした。

浦河赤十字病院に来ていちばん驚いたのは、精神科外来を受診したとき、いきなり川村先生に誉められたことです。先生に、いままでのつらかった体験を話したとき、すごく喜ばれたのです。

私はこんなに誉められたのは生まれてはじめてでした。病気のことで自分が肯定されたのもはじめての経験でした。

いままでは「幻聴が聞こえる」と言ったら全部否定されていました。「それは全部病気だから」「薬を飲んでるの？」と、そんな話しかできません。浦河に来て、向谷地さんも川村先生も、なんでもうれしそうに私の話を聞いてくれます。

「私はエスパーだ」と言っても、ちゃんと理解してくれているんだとわかったとき、ほっとしました。それは、私自身が誉められたというのではなく、七年間悩み苦しんでいた病気の経験を認められたような感じがしたからです。

なによりも「あなたは、浦河が求めていた人材です」と言われ、自分の病気の体験が必要とされていると知ったとき、天と地がひっくり返ったように驚きました。

七年間苦しんで苦しんで、誰も私の話を聞いてくれる人などいませんでした。

私は、とにかくつらくて安定剤がほしくて精神科に通っていました。病院でも医師は「調子はどうなの」としか聞いてくれず、もし私が「今日は調子がいいです」と言ったものなら薬が減らされるのではないかと心配で、本当のことが言えませんでした。

浦河に来て自分が受け入れられたと思ったとき、いまの自分の本当の調子を人に話しても何も変わらないという安心感を得ることができました。ここに来て自分の体験を誉められ、人とかかわるようになってようやく、自分が「自分いじめ」をしていたことに気がつき、自分の病気がわかるようになりました。

ダメなままで生きる

私はいつも、自分にたくさんの罰点をつけて生きてきました。

川村先生や向谷地さんは、「ダメなままの清水さんでいいんだよ」と言います。いままでは「ダメなままの自分」が嫌で、「ダメなままでいい」なんて思えませんでした。

「ダメなまま生きる」というのは、とても勇気のいることです。ダメなままの自分が嫌だから、人からどう見られているか気になって仕方がなかったのでした。

しかし実際には「他の人が見ているというイメージ」は、じつは自分がつけたイメージだった――いちばんはじめに暗闇のなかから見えてきたのはそのことです。そこからやっと、自分は「現実から逃げているんだ」とわかるようになりました。「ダメな自分じゃ嫌だ嫌だ」とけっきょくは七年間も自分に駄々をこねて生きてきたわけです。

いままで自分をボカボカと殴りながら、なんとか歩いて生きてきました。自分いじめをやめて穏やかな気持ちになれば、人の印象も変わります。そして、自分が変われば人の印象も変わるのです。相手がどう思っているかを考えるのではなく、自分が変わればいい。そう思えるようになりました。そして、「自分にこだわってしまう自分自身にこだわらない」ようになってきました。

諦めのすすめ……悩むことさえ放棄した

七年間ひきこもっていた自分にとって、人とかかわりあうきっかけが浦河赤十字病院に入院することでした。「自分が自分を受け入れられないのに、浦河の人たちは私を受け入れてくれた」という実感が、私のなかでは大きな体験でした。「え、こんな私でもいいの」というような。

そこから、だんだん肯定的にまわりが見られるようになってきました。同じ病気の仲間が親切に話しかけてくれたり、人との関係を絶っていたのにいろいろな所に講演に連れていってもらえたりするのが、とてもうれしかった。

やがて、「ダメなままの自分を受け入れよう」ということにこだわることもやめ、「諦めるしかない」と思いはじめました。

いままで自分が必死にしがみついていた手綱を放したとき、放したことで自分にマイナスになるものが何ひとつないことがわかったのです。苦しむために悩んでいたわけではありません。しかし、悩めば悩むほどこんがらがってきてますます混乱する。でも、悩まなくても失うものは何ひとつありませんでした。

苦しんでいるときは「ダメな自分のままでいいんだ」ということを受け入れられない自分に、無性に腹が立っていました。しかしいまでは、「ダメなままの自分を受け入れられない」ので、悪戦苦闘の結果として「悩むこともすべて放棄する」ことにしたのです。そういう遠回りをして、やっと「ダメな自分のままでいいということがこういうことか！」とわかるようになりました。

良くなりたいと思っていたころは、ひきこもって人との関係を絶つ方法しか考えられませんでした。ですから、栃木から誰も知らない北海道の浦河まで逃げてきました。自分一人でさんざん悩み苦しんでいたときは、「諦める」などということは想像もつきません。

ダメな自分を受け入れるきっかけは、なんといっても「人と話す」ことでした。自分以外の人の話を聴くことで自分ではどうしても切れなかった悩みの悪循環を断ち切ることができたように思います。

自分の悩みを少しずつ話すことで「ダメなままでいいんだよ」という新しい意見が入ってきます。ほかの人に自分のことを聞いてもらうとか、ほかの人の話を聞くチャンスが与えられて、やっと「自分とのつきあい」が変わってきました。いままでの「人とのかかわりを絶つ」ことから「人とのかかわりを大切にする」ようになったのです。

いくら思い悩もうとしても変えられない自分にとらわれず「悩みごと自体を諦める」ことが肝心なんだとわかるようになったのは、べてるの仲間である早坂潔さんやほかの人たちの生き方に出会ったことが大きかったように思います。仲間との出会いとともに、いままで積もり積もっていた思いを講演で話したり、自分の言葉にして話すようになって、誰にも言えなかった悩みのプロセスが少しずつ消化されるようになりました。

「諦めること」――それをべてるでは、生き方の高等技術としてとても大切にしています。そのことを講演にいって話したり、実際そのように生きている人たちの姿を見ているうちに、実感できるようになりました。

べてるという「ミミズ」との出会い

あるとき、ソーシャルワーカーの向谷地さんは私を「牛糞の山」にたとえて話をしてくれました。向谷地さんがある農家の庭先に行ったとき、牛舎の脇に牛糞が山のように積まれ、その隣に黒土の山があったそうです。農家のご主人が自慢気にこう話してくれたそうです。

「この黒土も数年前は、ただのくさい牛糞だったんですよ。こうしておくとミミズがやってきて食べてくれて、その排泄物が黒土に変わるんですよ。この黒土は土の最高級品ですよ。本当に作物の育ちがいいんです」

えらく感動した向谷地さんは「そういう意味で、清水さんは牛糞のような人だね……」と言ってくれました。

「そうか、私は、牛糞だったのか……」

――苦悩にまみれた悪臭を放つ牛糞の山のようだった私を、べてるのミミズは、ほかほかの土に変えてくれたのです。悩んでも悩みきれない、七年間の絶望的な苦悩が、たくさんのミミズと出会うことによって肥やしとなり、「諦める」ということを引き出してくれました。私のまわりにはミミズがいっぱいいてくれました。いま、そのことがやっとわかります。これが私の回復のキーワードでした。

私は、そのような「気持ちの切り替えのコツ」みたいなものを、べてるで学んだように思います。いままでの自分イメージでは、悩みに悩んで練りに練った到達点みたいなところで、人は「良くなる」と思っていました。べてるに来て知ったのは「努力とは離れたところに、楽な生き方がある」ということです。悩みの頂点に回復があるのではなく、下へ下へと降りていく真下に回復があるということがわかったのです。

そのことに気づいたとき「さんざん悩んだから、もういいや！」という気持ちになれました。しかしそれは、けっしてやけっぱちの諦めではありません。「いままでの苦悩は、気持ちのプロセスとして大事なことだったんだ。意味のあることだったんだ」と、これまでの苦労に自信がもてたからです。

そのことに気づかせてくれたのは、いっぱいいたミミズだと思います。

「病気になってよかった。生きていてよかった」

いまは、こころの底からそう思えます。

私も一匹のミミズになりたい

浦河に来てのいちばんの収穫は、私のテーマはじつは被害妄想ではなくて、「空虚さからの逃避」と「幻聴というつらさへの依存」だったのではないかと気づいたことです。

いま思えば、ひきこもりのあいだにも不思議と暗闇に薄日が差すようにつらい症状が落ち着いたことがあります。しかし、それは私にとっての安心とはなりませんでした。私は、アルコールを飲みまくり、なにかに憑かれたように買い物に夢中になっていました。私は、空虚さに向き合うことがこわかったのかもしれません。

いわゆる病気の症状としての被害妄想は、いまでも全然変わっていないし、治ってもいません。いまでも、買い物に行ってもひそひそと噂されます。食堂に入っても「あいつ、よく来れるな」という言葉が聞こえます。

それでも、人に受け入れられたという安心と、自分を人として信頼するようになって、自分のことばかり思いわずらうことの多かった私は、自然と「人を助けたい」という気持ちがわいてきました。「人を助けたい」と思う気持ちが自分を勇気づけることにも通じる——これは大きな発見でした。

病気で自分を追いつめていることに気がつかないで、毎日悶々として暮らしている人がけっこういるのではないかと思います。今後は、べてるの活動を通じて、少しでも自分の体験が生かしていける働きをしたいと願っています。

私も、仲間にとっての一匹のミミズとして生きていきたいと思うのです。

第15章

言葉を得るということ

ぼく、寂しいんです

下野　勉

ぼくは五歳のときに白血病で母親を亡くしました。その後、母親代わりの二人の姉も次々に結婚し、高校一年生のときから父親との二人暮らしがはじまりました。いままで姉に頼り、あたりまえのように出されていた食事の準備や掃除までも、自分一人でしなければならなくなりました。銀行マンの父親はあいかわらず深夜まで酒を飲み、酔って帰ってきました。

それからぼくは、寂しさを紛らわすために友達を自宅に呼び寄せるようになりました。家は溜まり場となり、しだいに家のなかは足の踏み場もないほどに荒れ果て、ご飯はない、父親は帰ってこないという毎日がつづき、父親の行きつけのラーメン屋で夕食を食べたり、いつも弁当か友人の家でご飯を食べるようになりました。そしてぼくは自然に、「クスリ」を使うようになっていきました。

ウソをつかなくてはならなくなる

クスリを使うとラーメンはうまいし、何を食べてもおいしい気になってしまいます。みんなでピザをとって食べても、クスリを使うと感覚が鋭くなるぶん何でもうまく感じるし、「感動」できたのです。「家族がそろっていたころのような普通の生活をしたい」と、自分のテンションを無理やり高いほうにもっていこうとしたことが、薬物をはじめることにつながっていったと思います。クスリは、ふだんの荒れ果てた生活を一時的にでも忘れさせてくれる道具となっていきました。

いま考えるとぼくは、自分のなかの「寂しい」とか、「苦しい」とか、「情けない」という気持ちを誰にも言えなかった。誰よりも切実に「健康な生活」を願いながら、「もっとも不健康な生活」に陥っていきました。

クスリをはじめた当初は気持ちよかったのですが、徐々に罪悪感にさいなまれ、いつしか快楽しか求めないような考えになっていきました。もとから人ごみのほうが好きで、よく友人たちに囲まれていましたが、会社勤めをしながら帰るとクスリを使うという生活に陥ってからは、普通の社会生活が送れない自分に気づき人目が気になりだしたのです。

ぼくはそれでも、クスリをやっていることがバレないようにできるだけ普通を装い、気を張っていました。「こんなことをやっていたらいけない」という自分と快楽に溺れていく自分との葛藤で、夜も眠れなくなっていきました。しだいに会社勤めも困難となり、誰かが警察に通報するのではないかという不安と罪悪感で押しつぶされるような毎日でした。そして、ますます人と話ができなくなっていきました。

それもすべて、自分の現実と出会うことがこわいためです。憂さ晴らしのように酒を飲んでは他愛もない話をしたり、バンドに夢中になっていました。いま思うと、ぼくは誰にも自分の本当の気持ちを言えませんでした。

話せる人はクスリなんていらない

当時の遊び仲間がみんな薬物をはじめたわけでもなく、みんなが中毒になったわけではありません。ぼくは人に話せないぶん、クスリに対する依存度が他人よりも大きくなったにすぎません。話のできる人は、クスリなんか必要ありません。話すだけで気持ちよくなれるはずです。

悪いことだということはもちろんわかっていましたし、これを続けていたら親父は会社をクビになるかもしれないし、親戚にも迷惑をかけるなと考えながら続けていました。しかし、わかりながらも、クスリがないと寂しくて、どうしてもやめることができなくなっていました。

そのうち新聞配達をしても「自分が尾行されている」「捕まえられる」と脅えるようになり、それとともに被害妄想も出るようになりました。「湾岸戦争を起こしたのはすべて自分のせいだ」と思うようになったり、金具付きのベルトを買った日に国会議員の金丸さんが逮捕されても「自分のせいだ」と思うようになりました。

しだいに被害妄想はエスカレートし、いつも捕まるのではないかと不安な毎日を送るようになります。それでも必死に平静を装い、おかしく見られないようにがんばったのですが、がんばりの糸も切れ、さらに被害妄想がひどくなり、ついに地元の精神病院へ入退院を繰り返すようになりました。

薬物依存から暴力依存へ

転機は、父の死でした。

父は父で必死に生きていたと思います。早くに母を失い、アルコールに慰めを求めながら生きていました。そして息子である私は無残にも精神病院でクスリ漬けになるなかで、銀行員の父はバブルの崩壊を見届けるように、この世で生きつづけることに「見切り」をつけたように母のもとに旅立ってしまいました。

そんなとき、べてるの家を紹介されました。札幌近郊の病院から浦河赤十字病院に転院し、入院しながらのべてる通いがはじまりました。

退院後は、病院の近くにある共同住居で暮らすことになりました。浦河での生活でいちばんつらかったのは、「ひきこもれない」ことでした。つまり、都会のような匿名性を保てない、ごまかしの通用しないつらさです。田舎ですから、みんな顔見知りになります。ぼくは退院後も相変わらず被害妄想に怯え、知らないおばさんがたまたま電話ボックスに入っても「昔のことを通報されるのではないか」という不安でいっぱいになります。べてるの仲間の声も、反対に嫌がらせのように感じてしまうのです。

「自分はもう仕方ない」と思えた反面、ほかに一緒にクスリをやっていた仲間のことがバレたら困ると思い、場所を選ばずそんな話をするべてるの仲間に腹が立ってしようがありませんでした。しだいにぼくは、いつも苛立ちに支配されるようになっていました。「畜生！　ぶったたくぞ！」という気持ちを抑えることができなくなり、以前は暴力をふるったことはなかったのに、浦河に来てから暴力をふるうようになっていました。

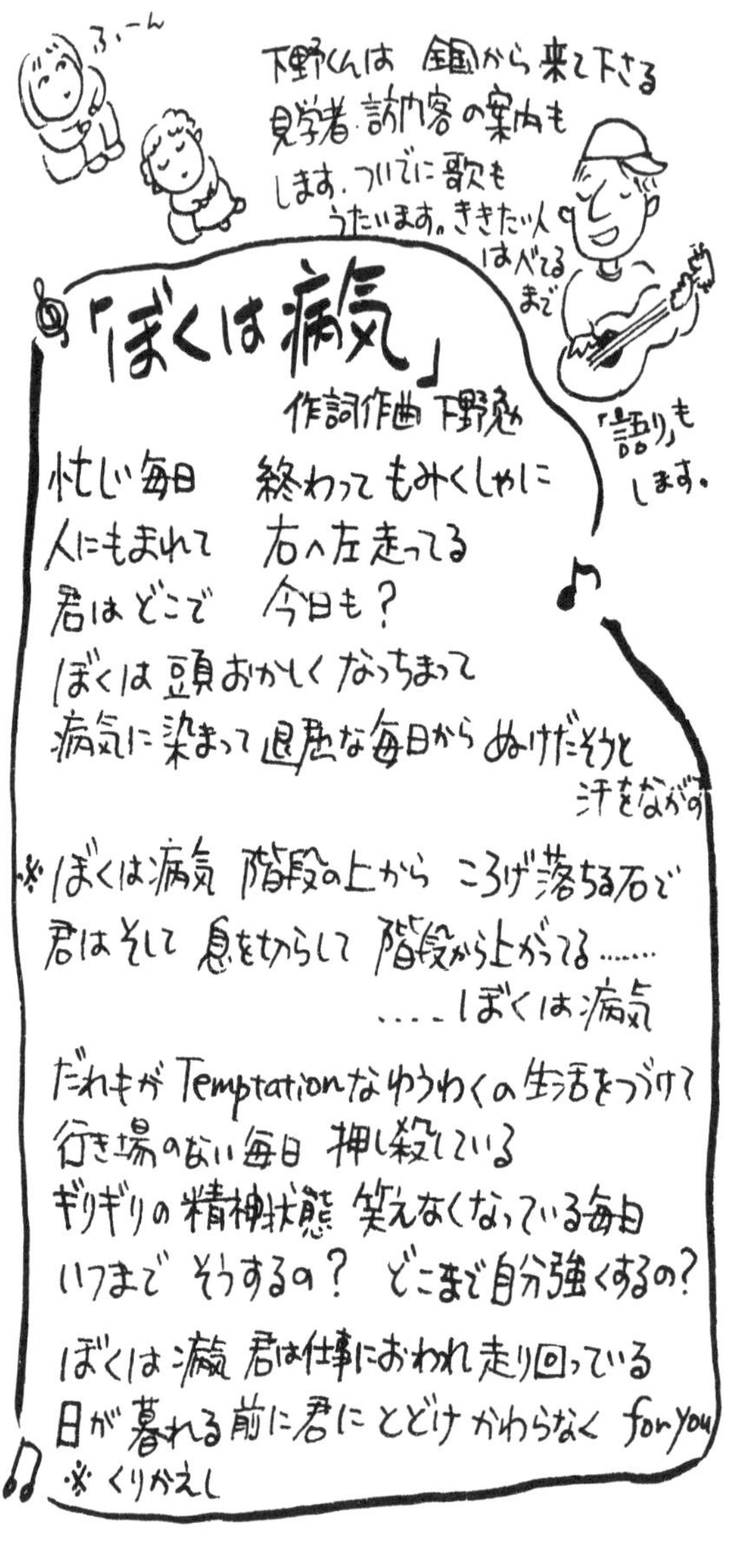

「薬物」への依存が、「暴力」への依存に変わったということもできます。とくに酒を飲んだときの、ちょっとした一言に非常に腹が立つようになり、関係のない人にまで無差別に鬱積した気持ちをぶつけるかのように暴力をふるうようになりました。

はじめて人をうらやましいと思った

浦河に来た当初は、自分のなかの「寂しい」という気持ちにもまったく気がつきませんでした。それがあたりまえだとずっと思っていました。浦河に来てはじめてぼくは、自分のなかに、人から親切にしてもらったり、人に心配してもらったという実感をともなった経験がないことに気づいたのです。

そしてべてるに来てはじめて、人を「うらやましい」と思うようになりました。「うらやましい」という感情は、自分のなかでは「禁句」だったのです。「うらやましい」という感情を認めることは、母親のいない暮らしのすべてを否定するような恐怖感がありました。

しかし、浦河で人のあたたかさに触れたとき、ごく自然にまわりの人を「すごくうらやましく」思うようになりました。すると、自分も「人と話をしたい……」と思うようになってきました。

最近、川村先生からも「下野くん、日本語うまくなったね」と言われます。

「もし、もっと昔に寂しいとか自分の気持ちに気づいてしまったら、やっぱり病気になっていたんじゃないかなぁ。下野くんは病気にでもならなかったらいまごろ死んでいたと思うよ。寿命が延びたんだね」

ぼくもそう思います。浦河に来ても最初は、苦しいときに苦しいと言えず、言えないでいると爆発するという悪循環のなかにいました。早坂潔さんたちのような「話せる人」を見るとうらやましくなり「あんなふうに話せればいいなあ」と思えてから、ぼくは話ができるようになったような気がします。

人の話を聞く。人の話を聞いて、みんなも同じように悩んでいることがわかる。自分のマイナス面ともつきあえるようになる――相変わらず苦労の連続ですが、そういうことが自分にも徐々に起きはじめたような気がしています。

第16章

昇る生き方から降りる生き方へ

病気に助けられる

松本　寛

ぼくは、精神分裂病です。ぼくの夢は、とにかく病気になることでした。小さいころから、人一倍がんばることがぼくの取り柄でした。そしてだんだん、がんばることをやめられなくなってしまいました。がんばることをやめるためには、どうするか。それは、病気になることでした。とくに中学校のとき、そう思いました。

でも、人間はそんなに簡単に病気になりません。がんばって、がんばって、道路で倒れて、救急車で浦河赤十字病院の精神科に運ばれて、白いシーツの敷かれたベッドに横になったとき「やっと病気になれた」という気持ちになりました。二一歳のときです。落ち着いた後、それでもやっぱり精神科は嫌だと思い即退院を申し出て帰ったのですが、「病気になれた」というのは、ぼくにとって大きな体験でした。

遊び相手の「幻聴さん」

ぼくには、小さいころから幻聴がありました。幻聴とのつきあいには、とても苦労しました。いまは二九歳ですが、ようやく二五歳くらいから上手につきあえるようになりました。ぼくのまわりには、幻聴さんに騙されている人がけっこういます。入院するまで「幻聴」という言葉も知らず、誰でも聞こえていると思っています。そしてぼくも昔は、幻聴の「あの野郎、ふざけた野郎だ……」という声が聞こえると、その言葉を信じて家族に向かって「死ね！　殺すぞ！　馬鹿！」と言っていました。

ぼくはいまも、幻聴が聞こえます。いまも同じような声が聞こえてきます。でもいまは、暴力をふるいません。どちらかというと幻聴さんは、ぼくの「道具」でもあり、「遊び相手」であり、ときには「相談相手」でもあります。つまり、ぼくは病気に助けられ、支えられて暮らしています。もちろん、病気とばっかりつきあっているわけではありません。友達も増えました。

そこで今回は、自分が精神分裂病の症状にどのように助けられているかをまとめてみました。

王選手になりたい

ぼくは、北海道えりも町に生まれました。いま思えば、ものごころがついたとき、すでに幻聴があったような気がします。幻聴は、「死ね」とか「殺すぞ」とか「お前は馬なんだ」とか「お前はアイダホポテトだ」とかいろいろと訳のわからないことを平気で言ってきます。

そのころは、幻聴だということには気がつきませんでした。どうしてそのような声が聞こえるのか不思議に思っていました。「この世は何なのだ。自分は何者なのだ……」という思いのなかで、毎日を過ごしていました。幼稚園ぐらいからそのような意味不明の声に囲まれて、毎日がつらかった気がします。

「まわりのみんなもそうなのかなあ」と考えながら、いちおう友達と子どもの暮らし——川で遊んだり、コンブをとったり——をしていました。ところが、子どもながらに戦争やいろいろな暗い事件のニュースを聞くとそれが幻聴の声になり、「お前は殺される」とか「うんこ出るぞ」とか言ってぼくを不安にさせるのです。

五歳のころだったと思います。そんな不安な毎日のなかで、ある日、光が射したのです。テレビで見た野球の王選手の姿でした。夕食のときに家族でテレビを見ていたら、王選手が素晴らしいフォームでホームランを打つ姿と、障害をもった子どもたちを慰問する姿が映し出されました。自分は、素直に「王選手になりたい」と思いました。それが、その後の自分のがんばりのはじまりとなりました。

無言地獄

小学校に入学してから、毎朝、マラソンをはじめました。とにかく体を鍛えることをしました。そのお陰で、小学校一年から六年まで、マラソンは一位でした。少年野球にも入り、キャプテンをつとめ、ショートを守り三番を打ちました。全道大会にも行きました。これは、町はじまって以来の出来事でした。

中学校では、野球部に入りながら陸上競技の走り幅跳びにも挑戦し、全道八位になりました。腕立て伏せ、階段昇降、通学途中のマラソン、鉛のおもりを持ちながらの授業など、テレビも見ず、家族とも話もしないで、朝晩すさまじい猛特訓に明け暮れました。しかし、正直いって苦痛でした。

反面、学校の授業は地獄でした。とくに中学校に入ってから、あこがれの王選手は無口で厳格に見えたので、ぼくもとにかく王さんのようになるために無口を心がけました。さらには、友達関係で同級生からおもちゃにされ、からかわれるのが苦痛で、人と話さないことで自分を守る癖がついていました。

しかし、自分にとっては「無言地獄」でした。そんなとき、授業中に幻聴さんが話しかけてくるのです。

「毎日、学校に通っているんだから給料をもらえ！」「ここは刑務所だ」と。

その当時、すでに過食もはじまっていました。冷蔵庫のなかのものを漁るように食べていました。食べることが止まらないんです。「食べて死んでやる！」と幻聴さんが言い張り、自分は、それに合わせるように食べていました。あらゆることにがんばっていました。筋力が少しでも弱ることに恐怖感をも

●松本　寛さん

っていました。そのときです。
「入院したい……。病気になりたい……。病気になったら、このがんばりをやめられるかもしれない」
こんな思いが募っていました。

幻聴さんも「つれぇよ」と

そんなぼくも、甲子園をめざす道内有力校の野球部監督の目にとまり、えりも町を離れました。しかし今度は、甲子園をめざすための本格的ながんばりがはじまったのです。野球部独特のしごきに耐えながら、朝一〇キロのロード、授業が終わったあと九時までの練習、自宅に帰ったあとの腕立て伏せを五〇〇回から一〇〇〇回、素振りもするというスケジュールを毎日こなしました。幻聴さんも「つれぇよ……」とか「苦しいよぉ……」と言うのです。

やっとの思いで高校を卒業しても、がんばりは止まりませんでした。自分の頭では、プロ野球からドラフトがかかるはずだったのにかからなかったので、今度は、プロ野球選手になるために、巨人軍のプロテストも受けました。

そのころから精神状態も悪化の一途をたどっていました。「なんでこんな競争社会をつくるんだ！」「なんでオレを生んだんだ」とか訳のわからない理屈を言って、家財道具を窓から外に捨てたり、墓地に行きお墓と話したり、家で暴れるようになりました。風俗関係やギャンブルにも夢中になり、また突然上京して、真夜中に王選手の家を訪ねて「助けてください！」と頼み警察に捕まり、家族に連れ戻され、実家に戻ってからも暴れ、幻聴さんの命令するとおり石を食べたり、道路をなめたり、目の前に十

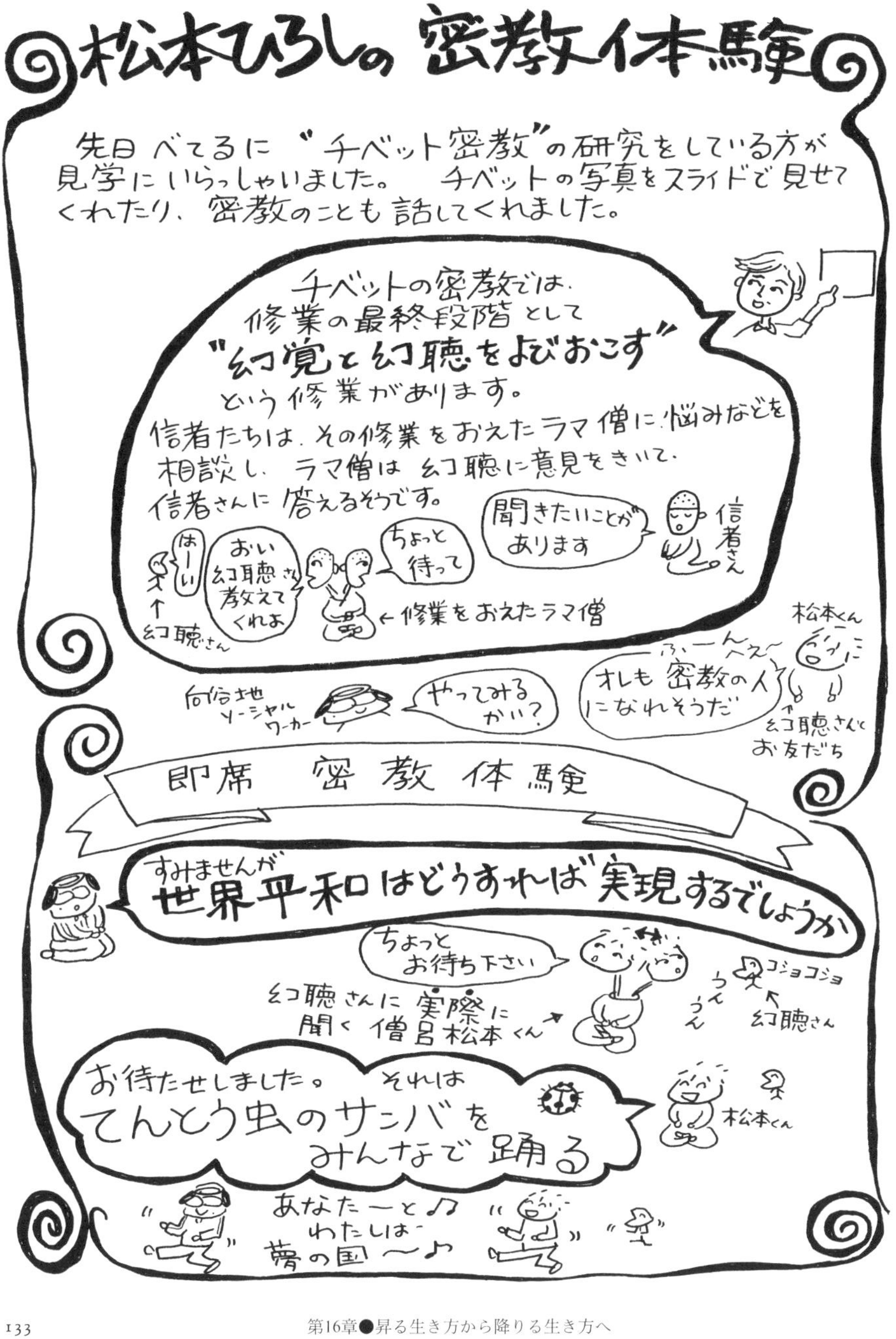
松本ひろしの密教体験
先日べてるに"チベット密教"の研究をしている方が見学にいらっしゃいました。チベットの写真をスライドで見せてくれたり、密教のことも話してくれました。
チベットの密教では、修業の最終段階として"幻覚と幻聴をよびおこす"という修業があります。
信者たちは、その修業をおえたラマ僧に悩みなどを相談し、ラマ僧は幻聴に意見をきいて、信者さんに答えるそうです。
聞きたいことがあります
信者さん
ちょっと待って
おい幻聴さん教えてくれよ
はーい
幻聴さん
←修業をおえたラマ僧
松本くん
ふーん へえ〜
オレも密教の人になれそうだ
幻聴さんとお友だち
向谷地ソーシャルワーカー
やってみるかい？
即席密教体験
すみませんが世界平和はどうすれば実現するでしょうか
ちょっとお待ち下さい
幻聴さんに実際に聞く僧侶松本くん
コショコショ
幻聴さん
お待たせしました。それはてんとう虫のサンバをみんなで踊る
松本くん
あなたーと♪
わたしは〜
夢の国〜♪

字架があらわれたり、めちゃめちゃの状態となり、とうとう救急車で浦河赤十字病院精神科に緊急入院となりました。

もうろうとする意識のなかで川村先生に言った言葉は「先生助けてください……」でした。そうして、やっと入院という休息が与えられたのです。

どうしてみんな生きてるのか

ぼくは、どうしてこんなにがんばって生きてきたのか。

子どものころから幻聴さんが教えてくれる世の中は、生きていくのが嫌になるようなことばかりだったと思います。小さいころから「人生おもしろくない」「死ね」という声を聞いてきたので、ほかの人に聞くと「信じられない」と言います。

ぼくは、その信じられないこととずっとつきあってきて、そのぶん少し「ませた子ども」でした。戦争があったり殺人事件がある大人の世界に、「どうしてこうなんだろう」とも感じていました。実家は自営業を営んでいました。田舎での商売は大変で、子どもだったので何かわかりませんでしたが、親も含めていつも何かに困り、喧嘩し、ぶつかりあっていました。

単純なぼくは、そのような社会のなかで七〇歳、八〇歳の人を見ると、どうやって生きているのか不思議でなりませんでした。そんな社会に「俺の夢を壊すな！」とも叫びたい感じでした。それをかき消すように、反発するようにがんばってきたのかなぁと思います。

でも、がんばればがんばるほど疲労感が増し、マイナス思考になり、結果的に親に八つ当たりし、行きづまります。行きづまると、また、それ以上にがんばろうと自分に鞭を打ってきました。

やっと病気になれました

八年前に浦河赤十字病院に入院したとき、「やっと病気になれました」と川村先生に話したら、「いままでの分裂病のジャンルを超えた有望な新人が来た」と言って歓迎されました。入院してはじめて、声が幻聴という症状であることもわかりました。そして、べてるの家と出会いました。自分の病気を認め、浦河で仲間とともに暮らしはじめて、自分の人生は激変しました。ぼくが病気に助けられてきたと思える点は次のとおりです。

●「がんばり」から降りられた。

●病気になって、べてるとも出会い、友達が増えた。

——入院する前は年賀状が三通しか来なかったが、病気になってから八〇通に増えた。

●とにかく喧嘩が絶えなかった家族が、ぼくが病気になったお陰で仲よくなった。

——家族が仲よくないとぼくの精神状態に影響するということで、よく相談し、話し合うようになった。

●「自分は居場所を探していたんだ」ということに気づかせてくれた。

——病気は、自分探しの標識のような役割をしてくれていた。

●無理な生活をすると、病気が歯止めをかけてくれる。

●幻聴さんが、話し相手になったり、暇つぶしにつきあってくれる。

――製薬メーカーさんに会ったときに「幻聴さんを撲滅する薬はつくらないでほしい」と頼んだ。

●幻聴さんがあるお陰で、まわりとのコミュニケーションが活発になる。

――たとえば「幻聴さんは元気ですか」と周囲から声をかけられたり、質問されたり、答えに窮したとき幻聴さんが答えをくれるので、ぼくはそれを真似して言う場合が多い。

今度なりたいのは……

精神分裂病と診断されて、自分の病気とつきあうことを基本にして暮らすようになって、ぼくの生活の質は格段によくなりました。いまでも幻聴さんは、けっこういい加減なこと、物騒なことを語りかけてきます。しかし対処方法が身についてきたので、生活にはほとんど支障がありません。

つくづく思います。もし自分が分裂病にならなければ、いまごろは生きていなかったと。精神分裂病は、ぼくの天職です。病気になって人生の夢が断たれたと思い嘆いている人もいるかもしれませんが、ぼくは、せっかく病気になったのだから「病気のプロ」になりたいと思います。どうせなら精神分裂病界のイチローといわれるくらい、この道を極めたいと思います。……これもやっぱりがんばりか……?

第17章 当事者研究はおもしろい

「私」を再定義する試み

◎その1 「爆発」の研究［河崎 寛］

はじめに

ぼくはいままで、いわゆる「感情の爆発」で、自分に対しても、家族に対しても、多大な被害を与えてきました。

人間はみんな生きることで人との折り合いがつかなかったり、自分との折り合いがつかなかったりしてイライラしたりします。自分のそうしたイライラを何かにぶつけたくなるのは人の常なのでしょう。

ぼくは最近インディアンの本を読んでいるのですが、インディアンは「自分を大切にするということは、自分を理解しようと努力することからはじまる」と言っています。自分や人を大切にしたいと思う心は、大なり小なり皆に備わっていると思います。本当は誰だってイライラで人や自分を傷つけたくないと思います。だから「自分を理解したい！」と思う心があるはずです。ぼくもそれに該当します。本当はイライラで人や自分を傷つけたくないし、イライラをもっと大切な何かに変えたいのです。

1 「河崎寛」のプロフィール

あらためて自己紹介しますが、ぼくは精神分裂病の河崎寛といいます。

いま、べてるの家にときどき通っていますが、この病気にかかると面倒くさがり屋になるようで、仕事だ仕事だと言ってべてるに通うのはとても面倒です。なので、朝起きるのが面倒くさく、「さて今日一日何したら楽しいかな？」などと考えています。

そんなチャランポランな生活を送っていると、「こんなんでいいのかな？」と思う一方で、いじめられながらおもしろくもない学業をこなした過去をとてもつまらなく思い、もっと自分の心に誠実であったらと考えたりします。

しかし当時は「何があっても学校をやめてはならない」「やめたら死んでしまう」という強迫観念があって、学校をやめたら自分の居場所がなくなると思い、やめたくてもやめられないジレンマのなかで生活していました。

いわゆる発病は、高校を卒業して予備校に通っている最中です。セミの鳴く声に似た幻聴や念仏が聞こえるようになり、誰かに狙われ盗聴されているのではないかという被害妄想におそわれるようになりました。

しだいに追いつめられてストレスがたまり、生きていることについて思いつめ、苦しいのは「親のせいだ！」という思いのなかで、爆発のテリトリーの確保のために、住宅ローンをようやく払い終わったばかりの自宅に放火するという大失敗をしてしまいました。その結果、精神科病院に強制入院となりました。

ぼくは、それまでも、親を殴ったり他の学生を殴ったり、たまりにたまるストレスをなんとか吐き出そうと非生産的なことばかりしていました。そのようなことがあった後は、深い罪悪感に苦しみます。自分という人間がとてつもなくこわくて、それが次のパニックを呼ぶという悪循環に陥ると同時に、それを人に伝えられなくて苦しんできました。

そうした結果、いまのべてるの生活があるのですが、いまだにぼくはストレスがたまります。つい最近まで、親を蹴ったり家のものを破壊したりしていました。いま、ぼくはそのことを、自分の大切なテ

●河崎　寛さん

ーマとして取り組みつつあります。

2 研究の目的

研究の目的は「爆発のメカニズムを研究して自分と家族を幸せにしよう」ということです。ぼくは、自分が生きているということにときどき不満をもちます。「あー、どうして物事が思いどおりにいかないのだろう」――そう思います。そして、その不満のはけ口としてぼくを生んだ親に八つ当たりし、カンシャクをおこすのです。

親がぼくを愛してくれていることは知っています。だから、なおさらなのです。親が、ぼくの不満をいちばん安心して「爆発させてくれる」のです。いまはまだ稚拙な方法でしか爆発できませんが、ぼくもそろそろ親離れしなければいけない年ごろなのですね。

3 研究の方法

自己研究の方法は、とにかくまわりの人に自分のことを話すことで、自分を知ることからはじまります。爆発とは、さまざまな人間関係のストレスのイライラが高じておこるものみたいです。そして、要するにいまの自分が受け入れられないのです。そこで、そのようになってしまう自分を「見つめる」必要が出てきます。その意味で、研究とは自分を点検する作業にほかなりません。

人間関係に長じている人は爆発にも器用に対応します。では、なぜその人は人間関係に長じているのかというと、自分のことをよく知っているからです。自分を知っているということは、自分を知ろうという意思があることをいいます。

ぼくはこのたび自己研究のために、まず自分を知るために相談室に通い、ワーカーさんに自分の話をする機会をもちました。話し合いを通じて、研究をはじめました。

4 爆発の兆し

ぼくの場合、爆発の前兆は親に寿司を要求することからはじまります。なぜ寿司かというと、これといった仕事もしていない自分が「寿司を食べたい」というと、親は嫌そうな顔をすることをわかっているからです。だから、あえて「寿司を食わせろ……」と親に寿司を買わせるのです。親も不満がたまります。それは、ぼくの爆発にとっては好都合なのです。それだけではありません。徐々に爆発に向けてのお膳立てをします。

親は爆発がこわいですから、とても気をつかっているのがわかります。ぼくは、爆発に向けていろいろな仕掛けを施し、タイミングを待ちます。そのためにウロウロしはじめます。「誘爆装置のセット――寿司など」が完了すると、自分の爆発する場所を確保してドカーーン！ っていうわけです。

5 爆発の原理（メカニズム）

「爆発」とは川の氾濫のようなものです。ふだんは人の生活の一部である川を故意にせき止めたりする

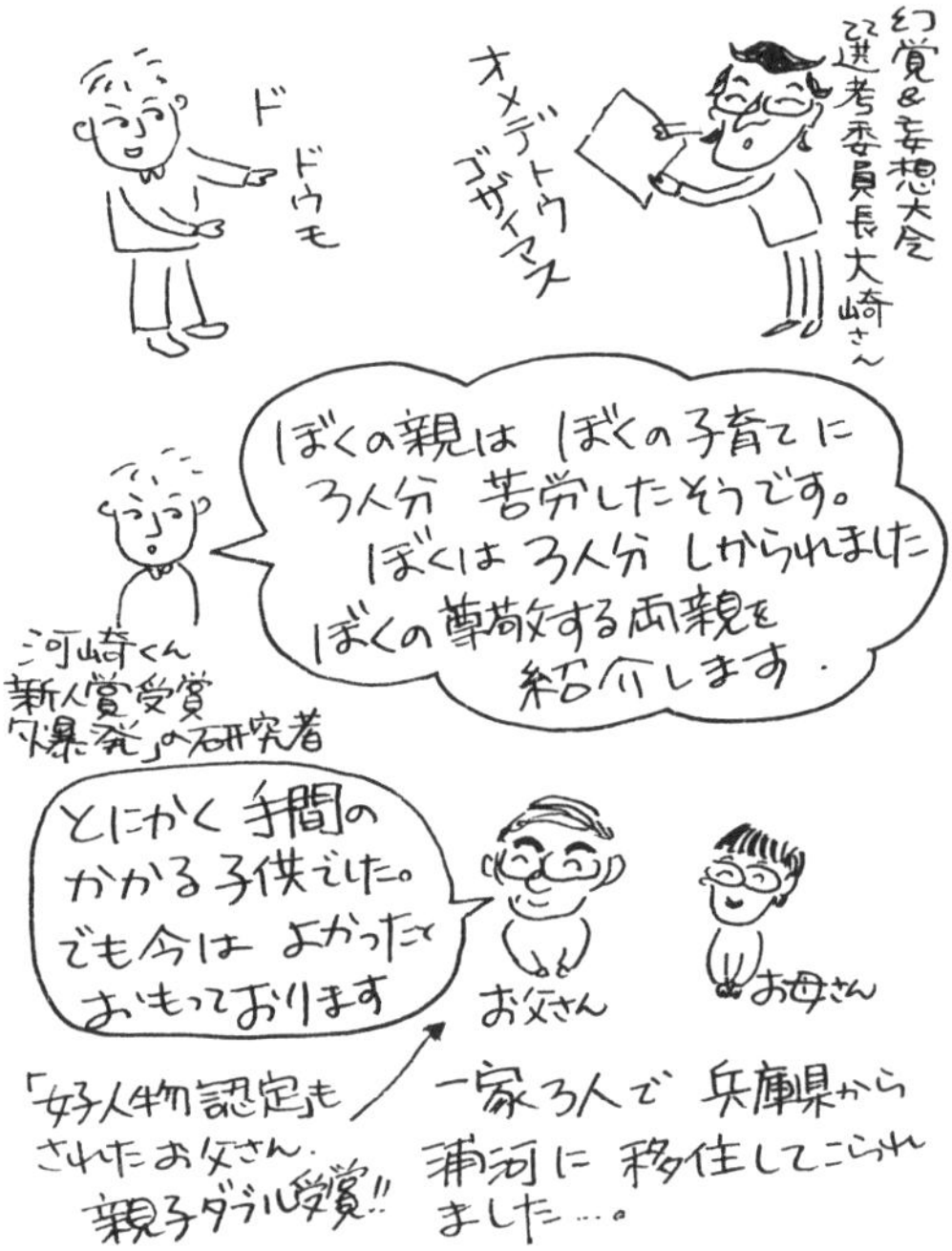
幻覚&妄想大会 選考委員長大崎さん
オメデトウゴザイマス
ドドウモ
ぼくの親は ぼくの子育てに 3人分 苦労したそうです。 ぼくは 3人分 しかられました ぼくの尊敬する両親を 紹介します.
河崎くん 新人賞受賞 「爆発」の研究者
とにかく手間のかかる子供でした。でも今は よかったと おもっております
お父さん
お母さん
「好人物認定」もされたお父さん. 親子ダブル受賞!!
一家3人で 兵庫県から 浦河に 移住してこられました…。

２００１年度Ｇ＆Ｍ大会

最優秀新人賞　河崎　寛様

あなたは、精神分裂病との付き合いに苦労しながらも、研究に取り組み、浦河での生活体験を通じて自らの苦労の核心は「爆発」であること、爆発の兆しとして「生寿司を親に買わせる」という重要な発見をなさいました。今後、爆発型の精神分裂病の研究の成果が、世界の平和と人類の未来に多大な貢献をすることと思います。

よって、ここに幻覚・妄想大会２００１年度新人賞を授与致します。また、記念品として、「生寿司のお食事券」を贈ります。

２００１年６月９日

全国Ｇ＆Ｍ大会選考委員会

委員長　大崎洋人

全国Ｇ＆Ｍ 選考委 員長の印

と、嵐の日などに川は氾濫します、爆発も同じで、ストレスという川を第三者である環境が手入れしてやらないとストレスは必ず「爆発」します。爆発のパターンには、ぼくの場合は、次のようなものがあります。

❶親に難癖をつける

爆発に向けた最初の儀式です。親は、たいてい我慢します。これは、爆発のメカニズムのなかでも、導火線に火をつけることを意味します。

❷親を殴る
親を殴ることでうっぷんを晴らします。たいてい後に罪悪感が残り、結果的にストレスがたまります。
❸食事中に茶碗を投げる
ストレスの爆発と親への甘えの行動の一環です。
❹ちゃぶ台がえし
これも、③に同じく親への甘えです。爆発でもけっこう、インパクトがあります。
❺その他、周囲がいちばん困ることをする
たとえば、親がいちばん大事にしているものを壊します。まわりへの愛情と関心度の確認としてやるのです。
❻ひきこもり
これは、爆発のエネルギーを蓄積する大切なプロセスです。
❼童心に逆戻りする
子どもっぽい行動が目立つようになります。依存心と反発心が同居しています。

6　家族の反応

家族の特徴として、親はしだいに子どもに対し「爆発物」のように接しはじめます。子どもが爆発するので、親はさながら「爆発物処理班」となります——まあ、たいていうまくいきませんが。

そして、ぼくの場合は、以下のような現象がおきました。

❶食卓にごちそうが増える

子どものテリトリー確保と子どものご機嫌とり、および場の雰囲気の維持のため食い物が豊かになります。

❷健康を害する

親子ともどもストレスがたまり健康を害します。うちの親はタバコの吸いすぎで心筋梗塞になりました。

❸気をつかう

爆発を予防するために、子どもに気をつかい、ご機嫌をうかがうようになります。

7 研究の結果……明らかになった「爆発のメカニズム」

今回、爆発の研究をしてわかったことは、次のようなことです。

❶爆発に依存していた

ぼくは、爆発をしながらもそれを知らず、自覚していませんでした。「爆発」は、自分のうっ積した感情を吹き飛ばし、一瞬「快感」を与えてくれます。その快感ほしさに、「爆発」を求めていました。

❷行きづまると「息がつまる」

ぼくは子どものころから、喘息のような呼吸困難がよくおきました。呼吸困難がおきると、すぐ病院から喘息の薬をもらっていました。しかしその「息がつまる」現象も、自分の暮らしの「行きづまり」

の症状だとわかるようになりました。呼吸困難は、「爆発」の一種ともいえます。

❸自分の悩みは人に話さないと解決しない

爆発、感情の表現は、自分自身を受け入れることでステップアップしていきます。そのためには爆発を一度受け入れて、自分を洞察する必要があります、その準備として、周りの人に爆発を受け入れてもらい、自分もそれを認めることを心がけるのです。

8 爆発への処方箋……〝瞬間爆発〟から〝ゆっくり爆発〟へ

以上の研究を振り返って「爆発への処方箋」を書くとするならば、健全な爆発を早めにすることが大切だということです。自分の爆発のシグナルを知り、早いうちに人に〝爆発そのもの〟を認めてもらいます。認めてもらうということにより爆発の内容は健全なものになります。

それでも〝瞬間爆発〟をしそうになったら、話し相手を見つけるのがなにより大切です。人から受け入れてもらうためには、専門家や仲間に相談するといいと思います。また、親と話すときは第三者をまじえてするのも方法です。親は親しすぎる存在なので、心の距離がとりづらいことがあります。そこで、医師やワーカーさんなど第三者に感情を言葉に翻訳してもらいます。

SST(一七四ページ)やSA(べてるの家でやっている、精神分裂病などの経験者による自助グループ)を利用するのも大切です。これらを利用して、コミュニケーションの練習をして、自分の病気を再検討します。

なによりも、爆発を予防するには、本人がストレスについて知ろうとする必要があります。そうすると人は、良い爆発(=ゆっくり爆発)を利用し、自分を表現できるようになります。そしてついには「爆発を経て何を得るか?」と、自分の人生を肯定できるようになります。人にとっていちばん必要なものは、病気を理解してくれる良き理解者だと思います。

けっこう、かっこつけて書きましたが、ぼくにとって「爆発の有効活用」の研究ははじまったばかりです。いまも瞬間爆発の誘惑にかられ、失敗もあります。でもいままでと違うのは、爆発の手の内を明かしてしまったので、爆発しづらいということがあります。ネタの割れた手品をするようなものです。瞬間爆発に代わる爆発エネルギーの有効活用や、ゆっくり爆発することが、今後の課題です。やはり、いままでの破壊的・逃避的な瞬間爆発への誘惑と、自分に対する恐怖感が自分を縛っています。ただ、変化は感じます。今後とも、研究はマイペースでやっていきたいと思います。

◎その2 「虚しさ」の研究［水野典子&べてるしあわせ研究所*］

はじめに

二二歳の学生時代に精神分裂病を発病し、三七歳になる現在まで、とにかく「病気が治ること」を一縷の望みとして生きてきた。縁あって三年前に転院というかたちで浦河赤十字病院に入院し、現在は退院して一年半が過ぎようとしている。

周囲の些細な出来事に自分を関連づけて不安になり、相手を攻撃してみたりするいわゆる被害妄想や関係妄想はほとんど回復したにもかかわらず、生きる苦労はまったく減らない。病気の症状が落ち着くことをあれほど望んでいたのに、いざ、あの不快な症状が治まってみると、「病気じゃない」という現実の物足らなさに苛立っている自分がいる。そして、勝手に走り出す。

とくに親元を離れ、はじめて自立した自分にとって、浦河に来て見た自分は、いままで見たこともない自分だった。仲間に囲まれ充実しているはずの毎日なのに、それを壊そうとする自分を抑えられず、感情が暴走しはじめる。そして、孤立する。

*「べてるしあわせ研究所」所属研究員
水野典子　河崎　寛　清水里香　佐々木栄喜　山本賀代

このたびの自己研究は、じつをいうと大変な作業だった。退院してから現在まで、自分自身の現実から逃げ回ろうとする自分を追いかけ回し、連れ戻すのに精一杯だった。そのために、仲間の力を借りた。仲間とともに自分の現状を分析するなかから見えてきたものを、ここで報告したい。

1 「水野典子」のプロフィール

父と母は開業医で、一つ上の姉と私は医者になることを当然のようにして育てられてきた(姉は現在、医師)。おなじ姉妹でも性格がまったく別だ。私はどちらかというと内向的な性格、姉は自由奔放で積極的で、男の子とも家の外で楽しく遊べるほうだった。

姉は、ある意味では、親の愛情を独り占めするライバルだった。姉が母親にくっつくと、私はそれに負けないように母親の愛情を自分に向けようと努力し、また、姉が父親にくっつくと、次に私は、今度は母親より父親がいいと父親の愛情を自分に向けようと必死になっていた。

物心ついたころには「お父さんやお母さんみたいに体の弱い患者さんを助ける立派な医者になるんだ」と思い、とにかく幼稚園のころから勉強をした。姉は、母が勉強しましょうと言うと「いやだ、もっと遊びたい！」と泣き怒りながら反抗していたが、私は母が厳しく姉を叱る姿を見て、「はい、勉強します」と素直に母のいいつけを守っていた。

母から怒られるのがつらかったし、また恐ろしかった。つねに母の顔色をうかがう毎日だった。母の愛情と期待を一身に受けられるのならと何時間も勉強した。いいつけも守った。そのせいか、小学校・中学校と成績はつねにトップクラスだった。先生の質問にもいつも一番に答えた。家に帰り、それを母に報告してやさしく誉めてもらうのが楽しみだった。そして、高校は地元でも三本の指に入る進学校に入学した。

しかし高校に入って歯車が狂いだした。勉強の成績が上がらない。友達が少ない。そして、チック症状が始まった。それだから念願の医学部をすれすれ補欠で通り入学を果たしたものの、勉強できるわけがない。人間関係もつくれない。なんとなく人がこわい。学校のみんなが自分より優れて見える。自分の弱いところを見せたくない。

なんとか虚勢を張っていたが、臨床科目が入ってくる大学四年のあたりでは、もう精神分裂病を発症していた。お昼のお弁当を人にとられるという被害妄想が出ていた。そのころ私は、大学の机の下にもぐって食べていた。

ちょうど、精神科分野を学んでいた時期でもあった。同級生から「あなた分裂病でないの」と言われ、おそるおそる医学書を読み、症状が当てはまるのに衝撃を受けて、教科書を黒く塗りつぶした。医

●水野典子さん

師であった母親も当然のように異変に気づき、服薬を勧められて手渡されたが、「精神病なんかじゃない」と投げ捨てた。

大学に行くのもやめるように言われたが、卒業するというのは絶対の目標だった。幼稚園のころからこのためだけにがんばってきたのだ。みんなが遊んでいるあいだ、何時間も机に向かって勉強した。私はこのためだけに生きてきたのだ。こういう思いが、体を、神経を蝕まれながらも、「医者へ、医者へ」とがんばらせた。

しかし卒業真近のころは、精神分裂病の真っ只中だった。男の人が近づいてきたら犯されるという妄想。食べ物のなかに精神病薬が混ぜられているという妄想。仲の悪かった祖母に殺されるという妄想。精神病にさせられてオリの病室に入れられ、電気ショックで殺されるという妄想。それはもう恐ろしかった。私はこの恐ろしい状態から抜け出せるのだろうか、それともこのまま死ぬのだろうか――。

親のところに帰ると勉強をやめさせられるので、親戚じゅうを泊まり歩いた。夜中いっぱい道路を歩きまわり、今夜ここに泊まろうと、道端の草むらに寝転がったこともあった。そして親にとうとう捕まえられ入院となった。

退院後、紆余曲折を経て再入院となり、疲れきった母親が見かねているなかで、べてるの家と出会い、三年前に浦河赤十字病院に転院したのだった。

2 研究の目的

研究の目的は、自分の生きづらさの根本を知ることである。しかし、このテーマそれ自体が避けて通りたいことだった。

さらには研究所研究員との討論のなかで、私の最大のテーマは、分裂病からの回復ではなく「虚しさ」にあるということ、そしてその虚しさから私は逃避的な行動を起こしてきたということが見えてきた。これは、一人で悶々として考えていたときには気づかなかったテーマである。

そこでこのたび、自分がとっている「虚しさからの逃避的な行動」を明らかにすることを通じて、周囲との人間関係の改善をはかる手がかりとしたいと考えた。

3 研究の方法

まず、本人が書いた前述のプロフィールを研究所研究員で読みあった。進行役は水野典子がおこなった。進行役は、「水野典子」が掲げたテーマに対してはあくまで研究員の一人として、他の研究メンバーと同じ距離感をもって論じるように心がけた。距離感を現実化するために四角く囲んだ研究メンバーの机の真ん中に椅子を置き、そこに「水野典子」のシンボルとしてお金で膨らんだピンクの財布を置いた。

次にプロフィールを通じての検討と、「水野典子」に特徴的な「虚しさからの逃避的な行動」の事実をそれぞれが振り返りながら黒板に列記し、その行動の特徴にタイトルをつけ、行動の背後にある感情について探り、論じ合った。

4 「水野典子」に特徴的な行動①……大きなバッグ

退院後の一年半のあいだにみられた特徴的な行動パターンを研究員で整理した。そのなかで明らかになったことは、《「水野典子」が日常的に持ち歩くバッグの荷物の大きさと精神的な不安定さは比例する》という事実である。それを図示するならば次頁のとおりになる。

それを図示するならば次頁のとおりになる。

討議の末、貴重品を誰かに盗まれるのではないかという疑心暗鬼の精神状態となったときや、持っていること自体が本人の安心につながるとき、「水野典子」はなんでも持ち歩くようになることが判明した。

そして、さらに顕著な行動パターンが明らかになった。それはまるで忍者の〝忍法〟に似ているということだ。そこで「くのいち忍法」というタイトルのもと、行動を次のように分類した。

5 「水野典子」に特徴的な行動②……くのいち忍法

❶忍法《雲隠れの術》

突然、行き先も告げずに仕事にも穴をあけ雲隠れする。しかし、結果的に行き先はいつも実家。ときどき反響を確かめるため友人に電話を入れる。母親の不安をかきたて、関心を引く。人に心配してもらい、安心する。

▽その効果……自分の存在感が希薄化しているときや淋しさが募るとき、周囲の関心を喚起できる。

❷忍法《場壊しの術》――別名〝自爆テロ〟

ミーティングなどで、仲間が身に迫る話をしはじめると突然割って入り、話題を変える。仲間内では、それは〝テロ行為〟といわれている。ときには、説教やアドバイスをはじめる。そして自責の念で途中でいなくなる。たとえば、リストカットをする人たちの自助グループである「カットクラブ」に出席するが、切実な思いに触れるとつらくなり、「なんでそんなことをするの！」と説教を始める。

▽その効果……自分が居たたまれなくなるような避けて通りたい話題を強制的に変更できるとともに、その場から退避することで、一時的だが不安は解消される。

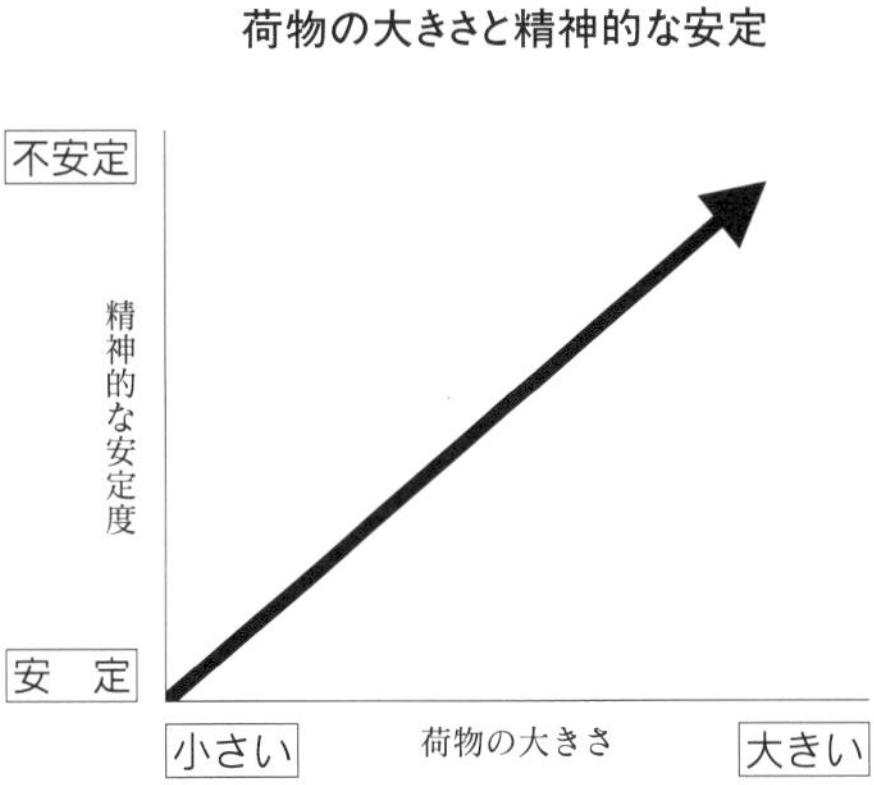
荷物の大きさと精神的な安定
不安定
精神的な安定度
安　定
小さい
荷物の大きさ
大きい

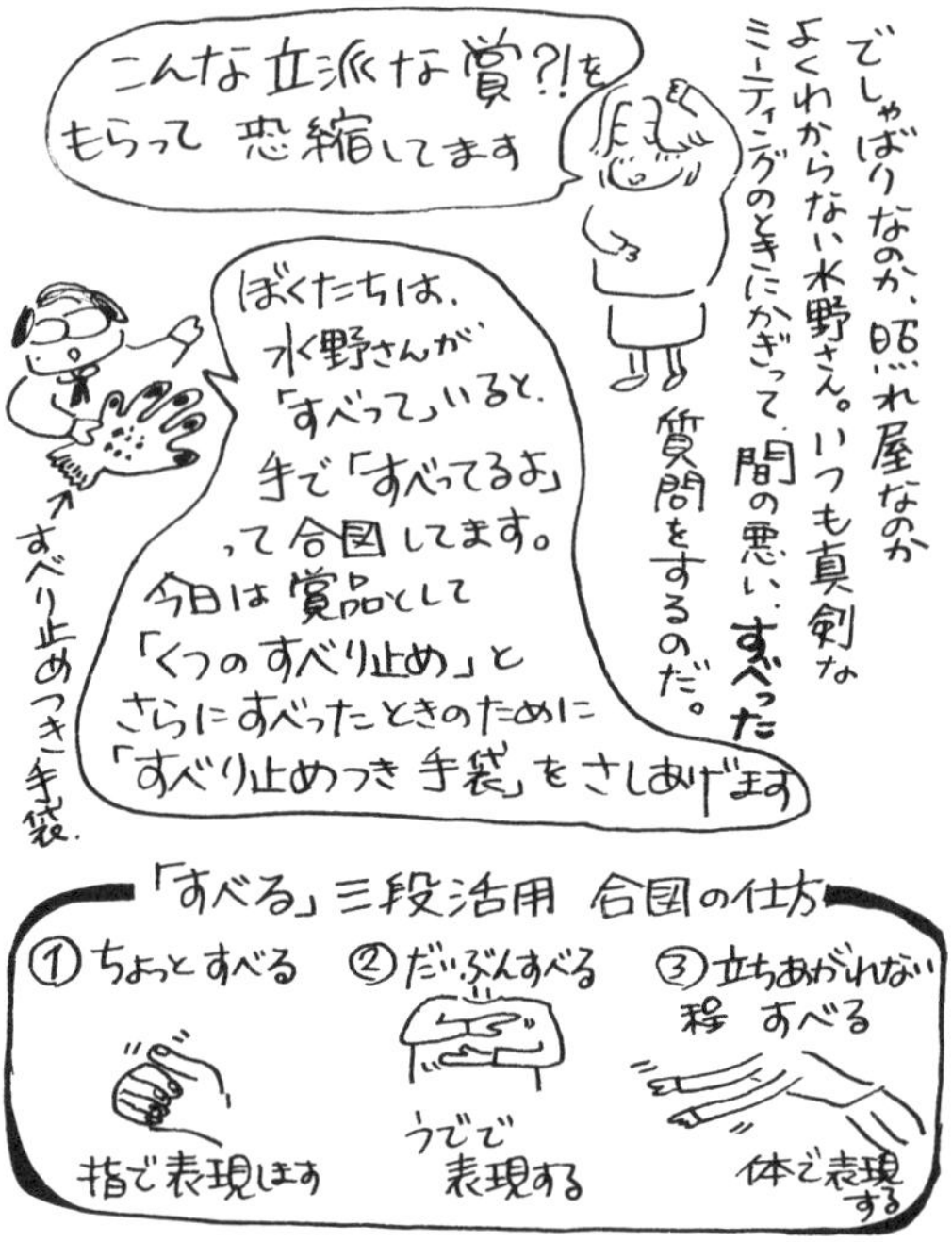

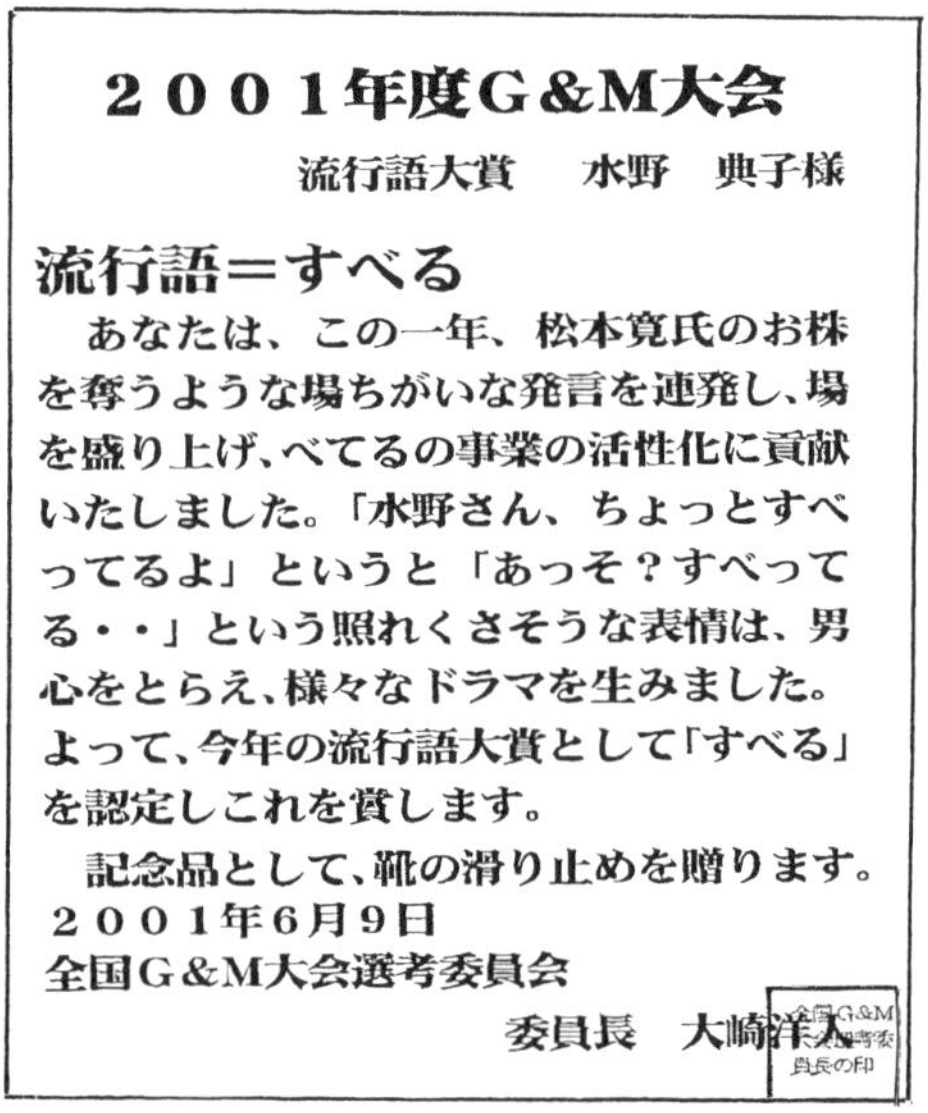

２００１年度Ｇ＆Ｍ大会

流行語大賞　水野　典子様

流行語＝すべる

あなたは、この一年、松本寛氏のお株を奪うような場ちがいな発言を連発し、場を盛り上げ、べてるの事業の活性化に貢献いたしました。「水野さん、ちょっとすべってるよ」というと「あっそ？すべってる・・」という照れくさそうな表情は、男心をとらえ、様々なドラマを生みました。よって、今年の流行語大賞として「すべる」を認定しこれを賞します。

記念品として、靴の滑り止めを贈ります。

２００１年６月９日

全国Ｇ＆Ｍ大会選考委員会

委員長　大崎洋人

❸忍法《残り香の術》

自分が席をはずしたりその場を去るとき、自分の所持品をいかにも置き忘れたかのように残していき、それによって自分をアピールする。とくにピンクの財布が多い。

▽その効果……「これ、水野さんの？」と言って手渡されたときに、なんとも言いようのない〝愛情〟を感じることができる。

❹忍法《恫喝の術》
いきなり（といっても積もり積もったものだが）怒って、まわりをびっくりさせる。基本的に気持ちよくなり、すっきりする。ついつい病みつきになる。
▽その効果……自己満足の行為で後味が悪いが、家族には効果てきめんで、気をつかってくれる。べてるの仲間には、効果なし。

❺忍法《視線の術》
人の目が気になり、キョロキョロすることが多くなり、猫背になる。人の評価が気になり、人の目をじっと見る。
▽その効果……目が合ったときに、人の愛情を感じる。

❻忍法《変幻自在の術》
別名、〝カメレオン症候群〟ともいう。その場に合わせて、一日何回も服装が変わる。とくに素敵な服装の女性を見るとライバル心を掻き立てられ、着替えの回数が多くなる。
▽その効果……周囲の注目を浴び、満足できる。

6　行動の背後にあるもの

この「水野典子」に特徴的な行動の、背後にあるものを分析した。プロフィールも含めて分析をおこなった結果、これらの行動に共通して「人の評価に生きる」生き方が浮かび上がってきた。それは、強迫的に人の評価を求めようとする行動として説明できる。

「水野典子」は幸か不幸かある時点まで、つねに人、とくに親の絶対的な評価を勝ち得てきた。結果としてそれに依存し、人間としての価値の空洞化に悩むようになったと考えられる。さらに論議のなかで明らかになったのは、「水野典子」のこころの奥底に、つねに「虚しさ」への不安や、自分の人間としての弱さへの恐怖があるということだ。それらの感情を自覚することがつらいために、「がんばる」ことを通じていつもそれを回避してきたのではないかということが推測される。

7 結論

人との比較、人の評価に依存し、自分の本当の現実を見ることを恐れて長年生きてきた結果、「水野典子」は、さまざまな特異な行動パターンを身につけることとなった。それが対人関係に著しい困難を生じさせ、孤立感を深め、日常生活のリズムも狂い、ストレスを増大させ再発を繰り返してきた。

8 まとめ

最近、精神分裂病を発症した当事者のなかに、「回復することの不安」を訴える仲間が見受けられる。症状の回復のあとに待っている「生きる」という当たり前の現実に足がすくむのだ。それは、病気の症状から回復する以上にむずかしい課題である。

「水野典子」もその一人であった。もちろん「水野典子」は、一番をめざしてがんばったストレスが原因で精神分裂病になったわけではない。しかし、精神分裂病になったとき、どういう生き方をしてきたかが回復の助けにもなるし、足かせにもなる。いままでは精神分裂病ということで、症状の申告とクスリの調整に明け暮れてきた。ところが自分の本当のテーマは、「精神分裂病の症状をなくすること」ではなかった。それは、浦河に来て気づかされたことである。「いかに生きるか」ということに、いま、ようやく直《じか》に向き合える準備ができつつある。

しかし相変わらず、頭でわかっていても「逃避的な行動パターン」を改善することはむずかしい。《雲隠れの術》も最近やってしまった。自分が求めていた医師というものと、与えられた精神分裂病という現実の落差をいまだ埋められず、「虚しさ」という突風にあおられ、いつも倒れている。そしてわかったことは、「虚しさに付ける薬はない」ということである。しかしこの浦河に来て、月並みだが、人と人のつながりの大切さ、人というのはみんな平等につくられているということ、友達の大切さ、ありがたさを学んだ。

精神分裂病の治療のなかでも、「逃避的な行動パターン」はなかなか省みられることが少ないが、そのことに苦しみ、生きづらい人生を歩んでいる人たちは多い。このたびの研究が、少しでもそのような現状に貢献できればうれしい。さらには、行動パターンを変化させるための手立てについても、仲間とともに引き続き検討していきたい。

なぜ〈研究〉という形をとるのか
自分を研究することの意味とは?

向谷地生良

従来〈研究〉は、医師や研究者がするものであって、当事者は主体的に入る余地のないものでした。しかし研究の分野こそ当事者性を打ち立てるべきではないか、と思います。

私たちが〈研究〉と言っているものは、「自分の内面を見つめなおす」とか「反省する」とは違うものです。自分を見つめなおす、というのは従来のカウンセリングの場でもおこなわれてきたことであり、非常にプライベートな作業です。

とくに河崎寛さんは、自分を見つめなおすということを、これまでさんざんやってきた人です。そして自分を見つめ、自分の弱さに直面する反作用として、爆発をはじめとするさまざまな逃避的な行為を繰り返していました。

そこで彼に対してこう提案しました。

「自分を見つめないといけないね。だけど、もっと自分に深く迫る方法として、〈研究〉という方法があるよ」と。

自分を見つめるというのを〈研究〉という言葉に置き換えたら、彼は「やってみようかな」と興味がわいたようです。そしてそれまでと違って、前向きに自分に対して迫っていけたのです。

河崎寛さんのこと

彼がこれまでいちばん苦しんできたのは何かというと、「自分がこわい」ということです。自分という人間を信じられない。人と接して刺激を受けたときに、自分が自分を制御できなくなるのでは、という恐怖感です。だから、よりいっそう自分を抑えよう、律しようとする。そして自分を抑えるのが高じすぎて、爆発をしてしまう。

彼の文章を読んだある人から、「河崎さんはこれだけのことをやっても反省をしていないのではないか」という疑問が聞かれました。いいえ、それは逆なのです。

つまり、彼は自分を見つめ反省しすぎてしまうことで、爆発してしまう。だからこそ、自分自身の爆発してしまう「つらさ」をいったん自分の外に出し、研究対象として見つめる(「外在化」する)というスタンスに意味があったのです。

もうひとつ、彼に〈研究〉を勧めるときに言ったのは、「研究という形をとることで、生きづらさをかかえて爆発している多くの仲間たちを代表して、そういう仲間たちと連帯しながら、自分のテーマに迫っていけるのではないか」ということです。〈研究〉として爆発のメカニズムを理論立てて考えることで、内容が普遍化・社会化され、河崎寛さんがおこなった自分自身の研究でありながら、河崎寛さんを超えた研究となれるからです。

爆発はいいものなんだ

もうひとつ、別の人から「河崎さんは爆発しないことをめざしているのでしょうか?」という質問も受けました。答えは、NOです。

河崎さんも私も、「爆発はいいものだ」と思っているのです。

〝ゆっくり地震〟という地震があります。地殻にたまったエネルギーを一瞬にして放出すると大地震となり問題がおこりますが、三か月、四か月かかってゆっくり放出すれば、なにも支障をきたさない。

彼がめざしているのも〝ゆっくり爆発〟です。爆発は基本的に必要なものです。「だから〝ゆっくり爆発〟を認めてほしい」——彼はそういうことを言っているのです。爆発の前にはイライラする、といったシグナルがある。そのときに爆発しそうな感じや、爆発そのものを認めてもらうと、爆発の内容が変わってきます。

いままで彼は爆発を抑圧し、抑圧のためにかえって爆発してしまい、自責の念と後悔と恐怖感で、自分を閉ざし、転落とやけくその一途でした。でもいまは、「爆発も自分の成長の糧なんだ」と思えるようになり、「爆発という経験を通して何を得るか」という思考がとれるようになったと言います。爆発を積み重ね、研究することで彼は変わってきました。そういうことをこの研究ではあらわしています。

共同研究のおもしろさ

また水野典子さんの自己研究は、河崎さんの研究からさらに一歩踏み込み、共同研究のスタイルをとっています。チームの一員の立場から「水野典子」の生きづらさの行動パターンを分析し、行動の背後にある感情を明らかにし、整理を試みたものです。

ともすれば当事者によく見られるこのような生きづらさの行動パターンは、河崎さん同様、周囲との軋轢を生み人間関係においても孤立化を招く反面、とくに家族の過剰な保護や介入を喚起し、結果としてさらにそのような行動パターンが強化されてしまいます。このような悪循環を生じさせる、とても厄介なものなのです。

水野さんの自己研究の特徴は、共同研究のスタイルをとることにより、河崎さん以上に「水野典子」との距離感を保ったところにあります。従来からつらい作業でしかなかった「自分を知る」という行為が、チームというクッションの上での「楽しいゲーム」に変わりました。実際、チームを組んでの研究は、終始笑いのたえない和気あいあいとしたものです。最近は、このような自己研究が知れわたると、

「自分も研究したい」という当事者の声が次々に寄せられるようになりました。

一人の自己研究がもう一人の研究を呼び寄せ、融合しあいながら新しい生き方を創造していく——こんな試みがはじまりつつあります。無意味にしか思えなかった失敗だらけの忌わしい過去が、「自己研究」という衣をまとった瞬間、新しい人間の可能性に向かって突然、意味をもちはじめるのです。それは、自分であろうとする瞬間であり、人のつながりに生きようとする〝始まりの時〟ともいえるのです。

第18章 そのまんまがいいみたい
看護婦脱力物語

向谷地悦子

私は、べてるの家で看護婦として仕事をする以前は、八年間、浦河赤十字病院の看護婦として勤めていました。勤務場所は、精神科とはまったく畑違いの人工透析と婦人科でした。そのときからボランティアでべてるの会計業務のお手伝いをしていましたが、昆布の製造販売ばかりでなく紙おむつの宅配等の事業が軌道にのり、メンバーだけで維持していた仕事の態勢では対応がむずかしくなってきたため、病院を退職して、みんなと一緒に仕事をやっていくことにしました。

それは出社拒否からはじまった

補助金も何もなく、メンバー以外のスタッフは私一人でした。そのうち「べてるにかかわりゃ病気が出る」というキャッチフレーズどおりに、私にもしっかり〝病気〟が出ました。

べてるとつきあいはじめると、「健常者」とか「社会人」とか「看護婦」といったさまざまな建て前が壊されて〝地〟の自分が出てきます。というより、そのような仮面を付けたままではべてるではやっていけないのです。仮面を捨ててありのままの自分を出す過程で生じる摩擦熱こそが「病気」の正体といえるのかもしれません。

私もやがて、登校拒否する子どものように、朝になると「あぁー、べてるに行きたくないなあ……」と、とても憂うつになったのです。

当時の私は、べてるで看護婦として「何ができるだろう」という戸惑いと意気込みのなかにいました。やっと退院することができたメンバーに対し作業にくることを勧めたり、再発を防ぐため薬を忘れずに内服させることに努力するなど、病気や生活上のさまざまな「問題」を探し、改善に向けて対応を練るということに腐心していました。

日常生活上の心配や不安などをなるべく与えないよう、作業内容も前もってこちらから先に考えてやっていました。看護婦として臨床場面で実践した感覚で、べてるでもそのまま実行しようと悪戦苦闘していたのです。いま考えると、地域での作業所といえども、私の発想のなかでは、ただ病院の庭先を広げただけのものだったのでした。

それに対し、メンバーの仕事の能力はいっこうに上がりません。「幻聴さん」に気をとられ仕事が手につかず黙ったまま立ちつづけたり、トイレに一度いったら一時間以上も帰ってこない人がいたり、早坂潔さんなどは、退院して数週間もたたないうちにウサギのようにピョンピョン部屋を飛び回り、壁を壊し、窓を割り、突然バタッと倒れるのです。

「がんばる」ことから降りられた

「えっちゃんはサメのようだねぇ。止まると死ぬのかなー」

精神科の川村医師に、こう言われたことがありました。がんばればがんばるほど成果や評価が上がるという世界にいた私は、とにかく体を忙しく動かしていました。ところがべてるの世界では、いくらがんばっても、私の期待したような成果も評価も与えられることはありません。

そのようななかで、出勤拒否という〝病気〟になってはじめて「がんばる」ということから降りることができたのです。

それまでは、生後二か月の赤ん坊を背負ってべてるでの仕事をはじめたときも、メンバーの把握や経理、注文等の仕事の合間に三時間ごとに授乳をし、泣くとあやし、おむつを換え、なんでも自分でこなしていました。

しかしあるときから私は、みんなの力を素直に借りることにしました。なによりもうれしかったのは、べてるのみんなが子育てに参加してくれたことです。天気が良い日は乳母車で散歩に連れていってくれる人、おむつを換えてくれる人、おんぶして寝かしつけてくれる人。ときには子どもをおんぶしたままメンバーどうしが喧嘩をしたり、子守りに飽きると自分の〝鼻くそ〟を食べさせたりなど、ハラハラする場面もありましたが、愛情をもって育ててくれるその姿に、言葉ではいいつくせない感謝の気持ちでいっぱいになりました。

やがて、べてるのメンバーなしでは、自分の仕事も我が家の生活も成り立たなくなっていったのです。

キーワードは「そのまんま」

現在の私は、作業所部門のスタッフ（看護婦）であるとともに、会社部門で、人手不足と聞けばメンバーと一緒にモップをもって清掃に入ったり、浦河赤十字病院の栄養課で患者さんが食べた食器の下膳や食器洗浄をして働くメンバーのバックアップに入ったりしています。院内で昔の同僚に会うと「看護婦の白衣よりも、栄養課のユニフォームのほうが妙にぴったり合っているよ」と、声をかけられます。

人の心に触れるという私たちの仕事は、自分の生き方を問われ、自分と素直に向き合うことの大切さを知らせてくれます。私はべてるから「そのまんま」の自分を認めなさいというメッセージをもらい、以来それが大切なキーワードとなりました。そしていまではべてるの「ありのまま精神」が、精神科病棟の看護婦の合言葉にもなってきました。

看護婦たちは、患者さんが退院するときにこう言います。

「予定どおり再発するかもしれないね」と。再発しても「順調だよ」と。

失敗する権利がある

病気にならないことを考えるより、その人が病気になって気づくことや、得られることもきっとあります。病気の再発だけを恐れていてもしかたがありません。メンバーにも「失敗する権利」がありま す。失敗や苦労から学ぶことも多いのです。

そういう意味で病院や看護者は、「再発を防ぐ」という大義名分のもと、過剰なまでに「失敗する権利」を当事者から奪ってきたともいえるのではないでしょうか。

べてるは、生きようとするなかで起きてくるさまざまな困難や失敗を「生きる苦労」として大切にする場づくりをしてきました。

私自身も「失敗してもいい」「不安があっても当然なんだ」「迷っても、つまずいても何も恥ずかしくないんだ、順調だよ」と、存在そのものに対する安心感が与えられ、気持ちがとっても楽になりました。そして、とてもつらかったべてるが、いちばん居心地の良い、ほっとできる場所になったのです。

網走市の市制五〇周年記念大会で『ベリー・オーディナリー・ピープル』のビデオ上映会と講演会が開催されたときのことです。講演後、舞台上にメンバーが並び、自己紹介をしました。そのとき参加者から、「なぜべてるの人たちは、いつも笑っていられるのですか」という質問が出ました。すると、べてるで経理担当をしていた中村忠士さんがこう答えてくれました。

「自分は偉いとか、頭がいいとか思わないで、〝パァー〟だと思っていれば、気は楽だし笑えるんですよ。さあ皆さん、一緒に笑いましょう。パァー！」

参加している人たちはみんなで一緒に笑い合ったのでした。

●中村忠士さん

反発も拒薬も生きるプロセスとして必要なのだ

べてるの元気の秘訣には、コミュニケーションの活性化を図るための独特な工夫があります。なかでも特徴的なのが「生きるプロセスを支える」という発想です。これは、精神障害をかかえながら生きる過程を、次のように五つのステージでとらえることです。

●**ステージ1**……自分でも理解できない症状に驚き苦しむ時期。精神障害の受け入れがたさに反発したり、拒絶したりする時期。
●**ステージ2**……失われたものをとりもどそうと、必死に努力したり挑戦する時期。
●**ステージ3**……望んだ結果が得られず、あらためて病気の苦しさのなかで絶望的な心境に陥る時期。
●**ステージ4**……少しずつ病気がわかり、同じく病気をかかえながら生きようとしている仲間の存在が見えてくる時期。
●**ステージ5**……病気や障害の体験を、意味ある有用な体験として社会に向かって語り、生きることのメッセージを伝えることのできる時期。

べてるでは、とにかくそれぞれの時期(プロセス)を十分に生き抜くことを重んじます。医師の診断が受け入れがたくて反発を覚えるときには、思い切り反発することが大切なのです。通院を拒否したり薬をやめたりすることも、病気とともに生きる大切な準備のプロセスとして、「順調だよ」と評価してもらえます。

一方的に「薬を飲まないことはいけないことだ」とプロセスを中断させることは、自律心を阻害し自信を失わせることになります。プロセスを生きることを通じて、自分のつらい病気や症状も含め自分の人生として担って生きようとするたくましさが育まれるのです。

日本一騒々しい作業所をめざす

べてるには「三度の飯よりミーティング」というキャッチフレーズがあります。そのとおりここではつねにミーティングが開かれています。

人のマイナス面ばかりに目がいってしまう関係ではなく、良いところをお互いに見つけ、そのことを認め合うミーティングは、ときには厳しい意見が飛び交いながらも、いつも最後は心がぽかぽかと温かくなり、それは楽しい職場づくりにつながります。

べてるでは、どの仕事をはじめる前にも、今日の自分の体調と気分の報告をし、自分の判断で仕事をすることになっています。

「きょうは体調が悪いので昼までにします」

「きのうは眠れませんでした」

こんなふうに自己申告します。そして仕事も、誰かに「しなさい」といわれたものではなく、たくさんの仕事のメニューから自発的に選ぶことができます。人間関係の対立や、問題が起こったとしても、徹底した話し合いをつづけます。べてるのキャッチフレーズの「日本一騒々しい作業所」も、そのような話し合いの賜物なのだと思います。

第19章 べてるに来れば病気が出る
放っておいてくれる場所

濱田裕三

べてるでは当事者はもちろん、いわゆる健常者もちゃんと自分の「病名」をもっています。ちなみに私の病名は「いいふりこき依存逆上型コミュニケーション障害」です。

私は、幼いときから「困った人」や「弱い人」を見ると「何かしてあげなければならない」という強迫観念があったように思います。父や祖父から「立派な人になれ」「尊敬される人になれ」と言われてきました。

実際その期待にこたえられたかどうかは別として、いつの間にか「期待にこたえなければならない」と思い込む子どもになっていたように思います。自分の行為がこころからの行為かというとそうでもなく、父や祖父の目を意識したものでした。

そんな私は、「人の援助をする仕事につきたい」と思うようになりました。

最初は社会福祉の勉強をするため大学に入りましたが、やがて進路を変更し、牧師をすることになりました。幸か不幸か最初の赴任地が「浦河」でした。牧師の仕事をする傍ら、べてるの仕事をするというのが採用の条件でした。

際限なく「いい人」をさせてくれる

べてるは生き生きと働ける場所でした。なによりも「困った人」や「弱い人」が大勢いたからです。私は、すぐに自然に接することができるようになっていました。私のまわりには、「困った人」と同時に、「人に期待するのが好きな人」たちも多く集まってきました。「いい人をしなければならない」「期待にこたえなければならない」と考えて生きてきた私には、打ってつけの状況です。

とはいえ「いい人をする、される」「期待する、される」という人間関係は長続きしません。よく考えると、いままでもうまく行かなかったように思います。そのことは自分がいちばんよく知っていたはずです。

しかしいままでは、事が大きくなる前に「逃避」するなどしてごまかしてきました。つまり、「いい人」でありつづけるために耐用年数の短い人間関係をつくってきたのでしょう。

その点で、べてるとは恐ろしいところです。

いい人をしようとすれば際限なくできてしまう。「いい人」のにおいを嗅ぎ分けて接近してくる人たちのなんと多いことか。期待にこたえようとすればするほど「期待する人」たちが群がってくる。

最初は、なんという快感だろうと思ったものです。しかしやがて、接近してくる人たち、群がってくる人たちの思いにこたえられなくなってくると、ストレスがたまりはじめました。

でも、そんなことにはお構いなしで皆はやってくる。「いい人」をすればするほど、その相手から首を絞められたり、殴られたり、期待にこたえようとしていた相手からつれなくされたりということが起きるようになったのです。

ハマちゃん、病気出せ

そして、一人でがんばろうとするほど孤立していきました。自分の本当の許容量はわずかなのに、許容量の大きさを偽り、あっという間に容量オーバーとなってしまう。しだいに、かつてのごまかしや逃避は通用しなくなり何度も爆発(逆上)してしまうハメに陥ったのです。

とくに早坂潔氏にはいちばん痛いところを突かれました。

「ハマちゃん、泡食うな(あせるんじゃない)」

「いい人するな。病気出せ」

本質を見破られて苦しくて、べてるの壁や、自宅の冷蔵庫に当たっていました。物だけでなく、べてるの皆にも感情的な言葉をぶつけていました。逆上する姿は自分がいちばん嫌悪するものでありながら、牧師としてもぼくの人間観からも「もっとも見せてはならない姿」をさらけ出してしまったのでした。

私は、いい人をするたびに自分を「たいした人」と思い込んで安心していたように思います。立派な人にならなければ誰かに認められない。それが不安で「いい人」をすることで自分をごまかしてきたように思うのです。本当は、たいしたことのない人間なのに……。

「いい人をする」ことは、アルコールや薬物に依存するのとなんら変わりはありません。そして、べてるは徹底的に「いい人」をさせてくれるし、期待にこたえさせてくれる。誰も止めようとはしない。「症状」が悪くなるまで「放置」してくれる。恐ろしいほどの「やさしさ」です。

たいしたことのない自分、かけがえのない自分

べてるではドクターに病名をつけてもらうほかに、自分で病名をつけています。そしてみんなの前でその病名を語っています。私もそれにならって自分で病名をつけました。それが冒頭の病名です。

お客さんが来たときも自己紹介でこの病名を付して自分を語るようにしています。「病気を出すことはすばらしいんだ」というべてるのみんなのメッセージに応答するためでもあります。最初は自分のなかにある膿を搾り出して、生で見るようでいやでしたが、しだいに解放された気持ちになってきました。

「べてるにかかわりゃ病気が出る」――かつてはこの言葉を他人事のように聞いていましたが、いまでは「たいしたことのない」自分自身のテーマとしてこころから笑って聞けるようになりました。「病気」を出し、素の自分と向き合えば向き合うほど、自分のことを「かけがえのない存在」と思えるようになってきました。

思う存分いい人をさせてくれる。徹底的に放っておいてくれる。落ちるところまで落としてくれる。弱さを含めてすべてを受け容れてくれる――べてるは本当に懐の広い「場」です。いまの私は、そんな「場」に援助されています。

第20章

リハビリテーションからコミュニケーションへ

うまくいかないから意味がある

向谷地生良

精神分裂病の治療には、大きく分けて薬物療法と非薬物的療法がある。後者の一つとしてSST*がある。一九八八年一月、米国カリフォルニア大学ロサンゼルス校のR・P・リバーマン教授によって日本に紹介されて以来、精神保健分野をはじめ、いまでは教育や司法などの分野にも取り入れられはじめている。

SSTとは

人は自然のうちに、見たり、聞いたり、触れたりするなかで、置かれた状況を判断してもっとも適切な行動を選択しながら暮らしている。しかし精神分裂病では、そのいずれの部分にも不具合が生じてしまう。それが日常生活のなかで周囲とのコミュニケーションに支障をきたし、さまざまな生活障害につながっていく。

ＳＳＴは、そのような障害の改善に向けた方法として、科学的な検討と検証を経て編み出された「認知行動療法」の一つである。それは、車の運転技術の習得にも似ている。いくら車の構造を学び、運転の仕方と、安全運転に向けた周囲への気配りを「説明」されても、それは路上を運転できることにはつながらない。

これを精神分裂病をかかえながら暮らすことを余儀なくされた当事者にたとえると、従来の働きかけは、説明の段階で終わっていたといえる。そして再発という「交通事故」をおこすと、主治医や家族に叱られ、免許を取り上げられ、長期入院させられ、地域で暮らすというチャンスを失ってしまう。

＊ＳＳＴとは、Social Skills Trainingの略で、日本では主に「生活技能訓練」と呼ばれている。通常、リーダー的役割をとるスタッフと一〇人前後のメンバーが輪になり、だいたい次のような手順でおこなわれる。
①メンバーやスタッフから、課題や目標が出される。
↓「挨拶が上手にできるようになりたい」。
②実際にそのロールプレイをおこなう。
↓自分が挨拶できそうなメンバーを選んで、「〜さん、おはよう」と笑顔で挨拶する。
③正のフィードバック
↓同席しているメンバーたちから、その話し方や態度について「良かった点」を評価してもらったり、「さらに良くする点」を提案してもらい、技能を向上させ自信をつけていく。そして、それを実際の日常生活の場面でこころみていく。

べてるとSST

このような経緯のなかで、最近ようやく「練習が必要だった」ということがわかったのである。考えてみれば、あたりまえのことだ。しかも、怒鳴られ叱られの練習では、効果はない。良いところを誉めてもらいながら、しかも、仲間の応援と励ましを受けながら練習するのがもっとも効果的である。

「認知行動療法」という固いイメージとべてる流のいい加減さが、どうもマッチしないという声を聞くことがある。しかし、親子関係の苦労や、べてるの活動の特徴である「商売」をめぐるお客さんとの応対や、複雑さを増す職場の人間関係のなかで「練習すればいい」という見方への切り替えは、現実の重苦しさを払拭し、ある種ゲーム感覚にも似た気楽さをもたらしてくれるから不思議だ。しかも「練習したい」という当事者による希望の表明には、現実の課題に向き合うような、爽やかで、かつ、したたかな生きる勇気を感じる。

その意味でSSTとは、援助者のための治療・援助の手段ではない。あくまでも、当事者自身の「道具」なのである。思えば、はじめて昆布の買い付け交渉に向かう緊張の場面でも、事前に和気あいあいと「練習」して出かけたのだった。べてるには、SSTと出会う前から「SST」が満ちていたように思う。

荒れた畑には作物は育たない

さて、SSTは、食べてはとてもおいしいが育てるにはむずかしい作物のようなもので、肥沃な土地と丹精こめた日常の手入れがなくては育たない――SSTをはじめるにあたってなにより忘れてはならないのはこの点である。だからSSTのセッションという一時間あまりの「収穫」のためには、スタッフが一丸となって「場の地力」を保つための作業が日常的に必要になってくる。地力が落ちた荒れた畑には、いかにSSTという優秀な種を蒔いても育たないのである。

とはいえ、まずは恐れずにSSTという種を蒔いてみることである。種の蒔き方、育て方、手入れの仕方すべてが手探りで不安でいっぱいになる。やがて当初の期待とは裏腹に、成長の勢いは失せ、枯れそうになる。

しかしそこでリーダーの未熟さを責めたり、メンバーの力のなさを嘆く必要はない。すべては「順調」なプロセスだからである。SSTという作物を通じて私たちは、現在の「場の地力」を知ることができるのだ。

その意味でいうならば、私たちが浦河でSSTという「手法」のみを学ぶことに時間を費やしていた最初の二年間は、病棟という「大地」の荒れようにも目をくれず、SSTという小さな種に「精神障害者の社会復帰」という困難のすべての解決を期待していたように思う。

スタッフもSSTをする……コミュニケーションの一元化

「場の地力」とはなにか。一言でいうならば、「人間としての相互の成長を促す人間関係(コミュニケーション)定着のレベル」とでもいえるかもしれない。場の地力を高めるための第一のポイントは、当事者と職員間のコミュニケーションの一元化の問題である。

つらいことの多かった人間関係やいままでの暮らしに対する後悔や恐れの感情をそのまま受け入れ、当事者に対して成長的な新しい人間関係の土台を提供するのが専門職の役割だとするならば、そのような重くストレスフルな課題とつねに直面することを仕事とする私たち自身が、どのような関係によって支えられているのかを知ることがまず重要である。

看護の場であれば、患者を看護するということと、仲間(看護者)を支え励ますということが、援助行為として同じ次元で語られなければならない。SSTのセッションでは患者を誉めることができても、終了後のスタッフのカンファレンスではおたがいに欠点や失敗だけを責め合っているということではおかしい。

当事者にしてみても、せっかくセッションにおいてポジティブなコミュニケーションを体験して病棟に戻っても、そこが相変わらず管理的で指示的な対応に満ちていれば、効果は半減どころか混乱と不信感を生むことになってしまう。

このようなコミュニケーションにおけるダブル・スタンダード＝二重の基準が「場の地力」を低下させるいちばんの要因となるのである。

それを防ぐために浦河では、入院患者のためのＳＳＴに並行して、ＰＳＴ（Professional Skills Training）と称した職員のためのＳＳＴをおこなっている。

これは「オレたちはＳＳＴにすごく助けられてる。看護婦さんだっていろいろ大変だろ？　オレたち以上にＳＳＴをやったらいいんでないかい？」という早坂潔さんの一言がきっかけになってはじまった。患者さんに一方的にやらせるＳＳＴに対して、ＰＳＴでは、職員もべてるのメンバーも入院中の人たちも、みんな一緒になっておこなう。

セッションの方法は基本的にＳＳＴを踏襲したものだが、職員の困りごとをテーマにするところが違う。たとえば「気むずかしい患者さんに話しかけても嫌な顔をされてしまう」という新人看護婦の悩みがテーマになる。最近ではＰＳＴにも当事者が参加し、患者役を買って出てくれる（松本さんが気むずかしい患者さんの役をやったり）。さらにはリーダーに挑戦するような場面も見られるようになってきた。コミュニケーションの一元化が進んだ証かもしれない。

人生をよりよくするぞ

SSTのパイオニアであるリバーマン医師がアメリカから来日され札幌でワークショップがひらかれました。べてるは事務局員としてがんばりました。当日もべてるから19名参加し、会場でSSTを披露しました。

まず自己紹介しましょうか
リーダーの向谷地ソーシャルワーカー
分裂病の本田です。プロジェクトB(B=病気)というビデオ事業部で「精神分裂病を生きる」というビデオをつくって、売ってます
精神バラバラ状態の早坂です
分裂病の長友です。福祉ショップべてるのぱぽ店で店番のしごとをしています。

Dr リバーマンによるコメント①

自己紹介はとてもよいです。
自分のアイデンティティの認識がふかまります。自己の尊厳を高めるのに非常に有効です。「自分の病気は〜です」とか役割をはっきり言えるのはすばらしいことです。

つづいて、いつもしているSSTをしました。みんな堂々としていて、日頃の成果が発揮できたようです。

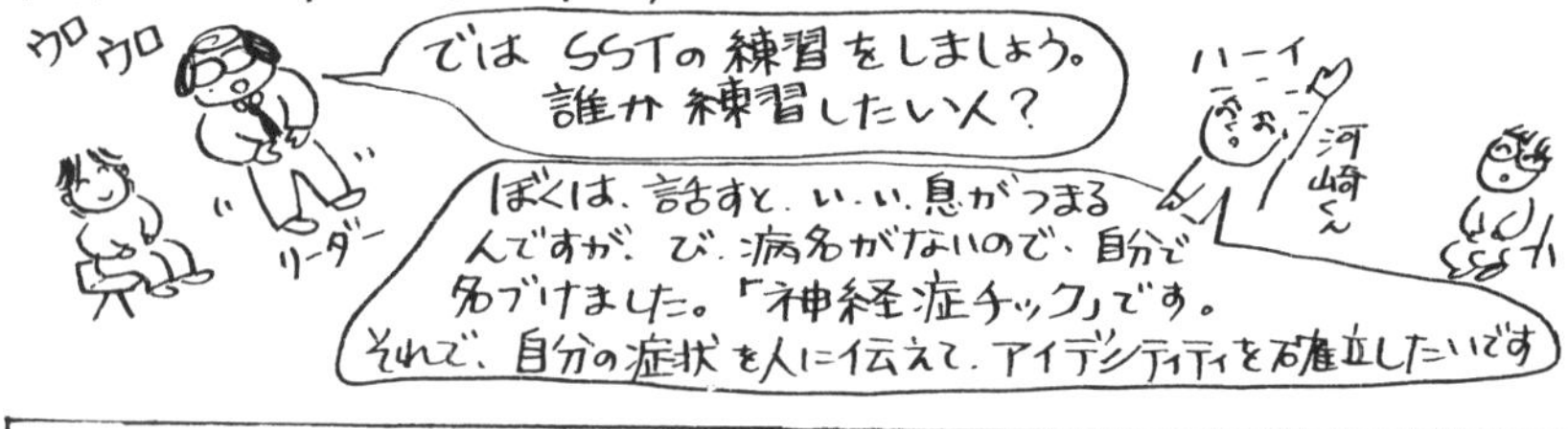
ウロ ウロ
では SSTの練習をしましょう。誰か練習したい人？
リーダー
ハーイ
河崎くん
ぼくは、話すと、い、い、息がつまる人ですが、び、病名がないので、自分で名づけました。「神経症チック」です。
それで、自分の症状を人に伝えて、アイデンティティを確立したいです

Drリバーマンによるコメント②

ゴロ
ゴロ

いい先生は動き回ります。向谷地さんは体重のコントロルもできていいですね♡

↑ジョークもさえてるリバーマンDr.

Mr 向谷地はリーダーとして大変すばらしかった。まず「ペースが丁度よいのでスムーズなこと」「練習のあと『とても良かった』とすぐに返していて、メンバーにも良かった点を誘導していること」。 そしてぼくが学んだこととして、向谷地さんの「立つ位置」です。

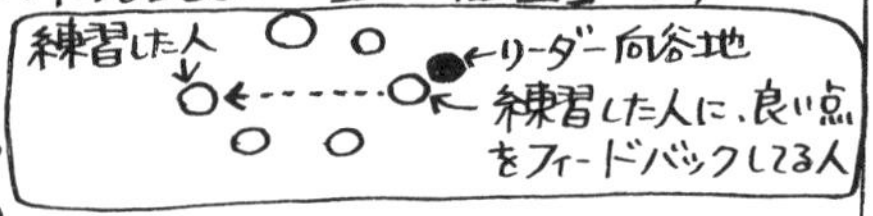
練習した人
←リーダー向谷地
練習した人に、良い点をフィードバックしてる人

リーダーはウロウロして多くの人に目配りします。もし、リーダーがフィードバック中の人の見える所にいたら、リーダーに向って、しゃべってしまうことが多いのですが、フィードバック中の人のうしろに立てば、練習した本人に視線を向けて話すことになります。 これは すばらしい技です。

SSTは

Dr リバーマンによるコメント③

SSTをする時の課題設定の方法もおしえてもらいました。

もしあなたがもっと**よりよい人生を****おくりたい**としたらそれは**どんな人生**ですか？
今できなくても何をやりたいか、何を求めてるかをきくといいです。そして『これができればあなたにとって**とても良い**ということ』を目標に、
遠い目標でなく、こまかくて近い目標、手に届く目標をたてましょう

笑顔のすてきなリバーマン医師

リバーマン医師はワークショップの翌日、べてるにもきて下さいました。べてるではいつもの自己紹介やオリエンテーションをして、わらび座公演のときにした"ソーラン節"のおどりまで披露しました。

ミセスリバーマン
リバーマンDr
パチパチ
ヤーレンソーランソーラン

リバーマン医師よりべてるへメッセージ。

苦労をくりかえすのが人生です。
問題がでて解決。そしてまた問題がでて解決。
失敗してもまたたて直せばいいのです。
たくさんの問題をもつことが大切。
問題をさけるのではなく、SSTを利用したりして解決していきましょう

番外編

ぼくね、ワークショップのとき、リバーマン医師に
「もし入院してたら規制されることがありますか？」
ってきかれて、「SEXできないこと」って言ったんだよね。大爆笑だった。
アハハハ
ちょっとリバーマンが何て言うか聞きたかったんだー。
そしたら「そうですねぇ それはこまることですよね」
って言ってた。さすがリバーマン医師だ！あの人はできた人だよー

ヘラヘラ松本くん。いつも突拍子のないことを平気で言う。

場の地力を高めるための第二のポイントは、「問題を探したり解決しない」ということである。病院の治療や看護の現状は、依然として問題を探し改善するという「問題志向」のアプローチに陥りがちである。しかし、「関係性」を治療や援助の土台にするのが精神科であるならば、そこは「問題とは何か」がつねに問われる場でもある。

べてるの家の現実を見ても、朝に起きられないとか、根気が続かないという一人ひとりのかかえた「もろさ」はまったく改善されていない。にもかかわらず、そのことが助け合いを生み、逆に多くの仲間の参加を促しているという現実がある。

SSTとは、問題探しをしないで自律的な課題解決を促す手法ということができる。本来SSTは、「問題志向」ではなく「希望志向」に基づいたプログラムなのである。ポイントは、「良かったところ」の指摘と「さらに良くする点」の提案によってセッションが展開されることである。

浦河のユニークな点は、べてるの家の作業所や会社部門の各セッションでおこなわれるミーティング(毎月七〇回ほどのミーティングが開かれる)はもちろん、SST終了後のカンファレンスや精神科病棟でのスタッフミーティングまでを含めて、あらゆる話し合いが、いま述べた「良かったところ」の指摘と「さらに良くする点」の提案という方法で実施されていることである。これも、場全体を傾きのないコミュニケーションに保ち、二重の基準を生じさせないための工夫なのである。

苦労や不安や対立を起こす……規制緩和

第三のポイントは、規制の緩和である。

SSTとは、自分で考え、判断し、行動するというセルフケアを促す手法であるはずだ。ひるがえって、いまの精神科病棟における一般的なケアには、依存を助長し、無気力・無関心を促す指導的かつ管理的要素がまだまだ多い。

精神障害を体験した人たちのいわゆる社会復帰のむずかしさは、支えの少なさや社会資源の不足だけによるものではない。むしろ「過剰な関与」による弊害のほうが多いのではないだろうか。つまり規制の緩和とは、「日々の暮らしのなかに、苦労や不安との対立が起きやすい環境をつくっていくこと」と言ってもいいかもしれない。

お金の貸し借りにしても病棟規則として禁止するのではなく、大人として任せることも必要になってくる。当然のようにお金の貸し借りによるトラブルが生じるだろう。

そこでスタッフに問われるのは、平穏無事であった患者の人間関係のなかに、お金の貸し借りによるトラブルが生じたことを「やはり心配していたことが起きた」と深刻になるのではなく、「お金を貸してと頼まれたら断れない」という、いままで顕在化することのなかった当事者の個性がそこにあらわれたとしてそのことを評価し、「順調だよ」と患者に伝えるセンスである。

浦河赤十字病院では、PSTとあわせて「規制緩和」のグループワークもはじめている。入院中の患者や退院したメンバーにも参加してもらい、スタッフと一緒になって「必要な規制」と「不必要な規制」の検討をおこなっている。

当事者のほうが逆により強い管理を求めてくるという事柄もあり、話し合いは白熱したものになっている。そこで感じたのは、管理を強化することは簡単でも、緩和することはむずかしいということなのである。

「弱さ」という可能性……うまくいかないから意味がある

ストレスが緩和されて再発を予防できるとか、できなかったことができるようになって自信を回復したというような理由で、私は「SSTはすばらしい」と思うのではない。私がSSTを評価するのは、自分の弱さや人間関係の問題をコミュニケーション上の課題として受容し、仲間の前に示し、たとえうまくできなくてもチャレンジするという「勇気」がそこにはあるからである。そして、仲間の長所を見出して励ますという「あたたかさ」があるからである。

誰も自分の弱さを披露することには抵抗があるものだ。しかし、自分にとってつらく重荷でしかなかった病気の体験や弱さそのものが、仲間を励まし力づける可能性をもったものとして取り扱われる。それはたんなる個人の達成感を越えて、生きる力となって蓄えられていくのではないだろうか。

私はSSTを進めるなかで、「あまり上手にならない」ことの大切さをメンバーから知らされた。べてるの家の代表をつとめ、日高昆布の出張販売の担当者でもある早坂潔さんもSSTの常連である。大きな会場で製品の宣伝をする。緊張のあまり途中で「緊張しちゃって何がなんだかわからなくなっちまったー」と言って頭をかく。しかしそのときのほうが会場が沸き、昆布が売れるのである。

SSTを通じて彼が学んだのは、間違わずに理路整然と話すことではなく、わからなくなり混乱した

「リハビリテーション」と「コミュニケーション」の違い

	リハビリテーション	コミュニケーション
理念	▲トータルリハビリテーション(医学的リハ・職業リハ・社会的リハの統合) ▲精神障害者の全人間的復権，回復	▼トータルコミュニケーション(心・身体・自己・他者・地域・社会・歴史との和解，共生的関係の創出) ▼「場」全体の回復 ▼精神障害者，家族，地域等のつながりの回復
理念のイメージ	▲右上がりに段階的に回復していく ▲障害されている部分の改善をはかる ▲専門家による専門的介入 ▲障害されている部分や問題に着目する	▼右下がりに降り，深まっていく ▼もろさや弱さを人間の要素として受容する ▼非専門家による常識的関与を促す ▼健康な部分や良いところに気づく ▼否定的な現状のなかにも可能性を感じることができる
対象	▲精神障害者を治療・援助の対象とする	▼援助の対象は障害者と固定せず，常にその場で一番困っている人，励ましや支援を必要としている人
具体的な対応	▲再発(回転ドア現象)の予防を重視する ▲服薬管理を重視する ▲日常生活上の心配や不安の軽減に努める ▲さまざまな生活上の問題点を把握し，指導し改善を促す ▲援助による「直接的効果」を重視する ▲専門家による計画的で科学的な意図に基づいた援助を提供し，予測通りの結果を期待する ▲望ましい行動や期待されている目標を示し，繰り返し指導する	▼再発も生きるプロセスとして評価する(再発防止に重点をおかない/必要な再発は何回してもいい) ▼服薬を本人の意志に委ねる(結果を本人にかえす) ▼心配や苦労をしながら，生きることの豊かさと積極的に出会っていく ▼生活上，必然的に派生する「問題」を活かし，人につなげる手段として活用(「問題を起こす援助」ができる) ▼援助として自覚されない間接的効果を重視する ▼偶然的で，計画されない多様な出会いの機会を意図的・積極的に保証し，予測しきれない可能性を求める ▼必要な行動や役割を遂行をしていくうえで予測される不安や失敗に対する受容的・肯定的態度を育てる
地域に対する働きかけ	▲地域住民の精神障害者に対する誤解や偏見を取り除くための啓発活動を実施する ▲精神障害者に対するソーシャルサービスを充実させる ▲職場での精神障害者の就労能力の向上をはかる	▼当事者自身が地域住民の誤解や偏見を受け止めたり自らの体験を語ったりするような出会いの機会をつくっていく ▼精神障害者による地域社会へのサービスや貢献を大切にする ▼就労先での障害者自身へのサポート以上に，雇用主や職場全体のコミュニケーション能力の高まりを促す関与をする
人間関係のレベル	▲コミュニケーションにおける二重の基準(職員と当事者との人間関係を別な次元でとらえる) ▲公私の区別の明確化(専門職としての役割を職場に限定) ▲精神障害者を対象にSSTを実施し，生活技能の向上に努める ▲精神障害者の自立を促す関係づくり	▼コミュニケーションの一元化(職員と当事者との人間関係を一体的にとらえる) ▼公私一体の関係(専門職としての知識や経験を公私で活かす) ▼コミュニケーション技能の向上を全体の課題と考え，職員もPSTを実施する ▼相互に自律的な人間関係づくりを大切にする

ときにも自分を責めたり恥ずかしいと思うのではなく、率直に「緊張しちゃって何がなんだかわからなくなった」と自分をありのままに表現することだったのである。

ＳＳＴには、そのような生きる勇気を促し、自己と他者との深い対話を促す手立てとしての可能性を感じる。それは、精神障害をかかえながら生きる当事者の「トータルリハビリテーション（医学的・職業的・社会的リハビリテーションの統合）」を越えて、場全体の回復と成長を促す「トータルコミュニケーション（和解のシステム）」の構築という夢の実現なのである。

IV 関係という力

第21章

弱さを絆に
「弱さ」は触媒であり希少金属である

向谷地生良

べてるの家の幾多の理念やキャッチフレーズは、二〇年余に及ぶ歩みの節々にあるさまざまなエピソードや苦労から生まれてきたものである。そのなかでもっとも長く親しまれ、べてるの家そのものをあらわす言葉が「弱さを絆に」である。

病気を「克服」できなかった人たち

精神障害を定義したり説明する言葉は多々あるが、それは一言でいうと「人づきあいに困難を生じる病い」である。

およそ誰しもが生きていくうえで美徳とする社会規範——勤勉で、思いやりにあふれ、笑顔を絶やさず、他人と協調するといったこと——とは正反対のことが起きてしまう。それゆえ社会から孤立し、とくに身近な人間関係である家族や職場において軋みが生じ、生きづらさをかかえてしまうことになる。

礼節を重んじる一般社会のなかでは、真っ先に叱責の対象となり、排斥される。

もちろん当事者は、わざとしているわけではない。理解力や記憶力が低下したり、根気がつづかなくなったり、人の話し声が悪口に聞こえる。そういった現実の苦労のなかで、誰よりもそのような自分に落胆し、不甲斐なさに腹を立てながら、普通に暮らすことに何倍ものエネルギーを費やしながらかれらは生きている。

そして当時は、それらの「弱さ」は、つねに病気の症状の一つとして治療や訓練の結果、克服すべきものとしてあった。「病気の克服」と「社会復帰」という周囲の期待と、それができない現実との狭間で、いつも自分に鞭をふるいながら暮らしていた。

「三分を一〇分に」などと期待しなかった

べてるの家の歴史は、まさに、そのような経験をもった当事者どうしが集うことからはじまった。よく引き合いに出されるのが早坂潔さんである。彼の特徴は、何をやっても長続きしないことである。ウルトラマンというあだ名が付いたのも、何をやっても「三分」しかもたないという彼の特徴を言い当てたものである。

一九八三年四月にべてるの家に入居した彼は、暇をもてあまし、いろいろなアルバイトに挑戦した。大工の下働きや、木工所にも通った。しかし、いつも長続きしない。とくに木工所では朦朧状態となって固まってしまい、べてるから迎えにいく結果となった。その当時のことを振り返って彼は言う。

「職場のみんなに馬鹿にされないように負けないようにと、いつも人と自分を比べ、がんばろうとしていた」と。

そんな彼が、自分のペースでできる「商売」の一環としてはじめたのが、日高昆布の袋詰の内職だった。しかし、自分のペースでできる仕事としてはじめたその仕事でさえも、「ちょっと」と言っては席を立ち、タバコを一服ふかしながら帰ってこない。

第2章にも書いたが、同じころ保健所の社会復帰学級でも、昆布の袋詰めの仕事をメニューに取り入れた。ところが一人欠け、二人欠け、結果的に保健所の職員が残業して後始末に追われる状況に陥り、作業が中止となったのと同じ現象が発生したのである。

しかし保健所とべてるの家の決定的な違いは、早坂潔さんに対して、少しでも根気強く仕事ができるようにと、つまり「三分」が「一〇分」になるように期待したりしなかったことである。彼が「三分」のままでいることを認めたのである。

「三分」の現実をまず公開する

もちろん仕事は、はかどらない。在庫は溜まる一方である。しかし彼がしたのは、根気のなさを克服することではなかった。

第一に、自分の「三分」という現実を周囲に明らかにしてそのことを認めてもらうこと、第二に助っ人を募ることだった。

すると彼を応援するために、入院中にもかかわらず一人の仲間が応援に駆けつけてくれた。その彼にもあまり無理をかけられないということで、さらに応援部隊がやってきた。それでもダメなときには誰かがまた応援に入るということの繰り返しのなかで、自然と人が集まるようになっていった。

もし彼に人一倍の根気と、他を寄せつけない作業能力があったならば、現在のべてるの家の事業ははじまっていなかったかもしれない。早坂潔さんの「弱さ」があって、そしてそれを肯定することによって、はじめて人をつなぐ「絆」が綿々と紡がれた。それが源流となっていまに至っている。

仕事のメンバーが続々入院してしまい、とうとう作業する人がいなくなってしまったとき、いつもはまったく仕事をしなかったべてるの家の住人である高橋吉仁さんが、突然、昆布作業を手伝ってくれるようになったりと、ピンチのときには不思議と誰かが必ず手伝ってくれた。

普通の企業であれば、一〇人でこなしている仕事を五人でこなせるようになることを重視し、効率をあげようとする。しかし、べてるではそれが成り立たない。一人の仕事を、二人、三人でこなせるようになることが、べてる流の効率化なのだ。

長時間働く能力のある人に短時間の仕事しかさせなければ、それは苦痛となる。しかし短時間だったら働ける人たちにとっては、短時間の仕事は満足なものとなる。一週間、毎日働く能力のある人にとって一日しか仕事がないと「失業」になるが、一日だったらじゅうぶん働けるというべてるのメンバーにとっては、一日の就労は「就職」に等しいものとなる。

寝ている店長、計算のできない店員

べてるの家が、はじめて介護用品のお店〈ぱぽ〉を開いたときのことである。

店長に抜擢された山崎薫さんは、店番をしながら店の小上がりで寝ていることが多かった。お客さんが、「ごめんください」と言って店に入っても、店員の姿は見えない。もう一度、大きな声で「ごめんください！」と言うと、毛布にくるまって寝ていた山崎さんが急に起き上がり、お客さんが驚くといった場面もあった。

山崎さんは仕事は午前中で限界ということで、午後からの応援を頼むことになった。しかし応援を頼まれたメンバーは、お金の計算が苦手だった。そこで、お金の計算ができるメンバーが応援にいくようになった。結果として、山崎薫さんという一人の当事者の限界が、二人の雇用を生み、マンパワーの拡大につながったのである。

誰も無駄な人はいない。長い距離を走る人も、短い距離を走る人も、そこには優劣はない。自分の走れる距離を覚え、それをまわりに伝える力さえあれば、一歩だけでもバトンは確実につながっていく。「弱さ」とは、いわば「希少金属」や「触媒」のように周囲を活性化する要素をもっているのではないか。人のもつ「弱さ」は、けっして劣った状態として、人の目をはばかったり、隠されるべきものでは

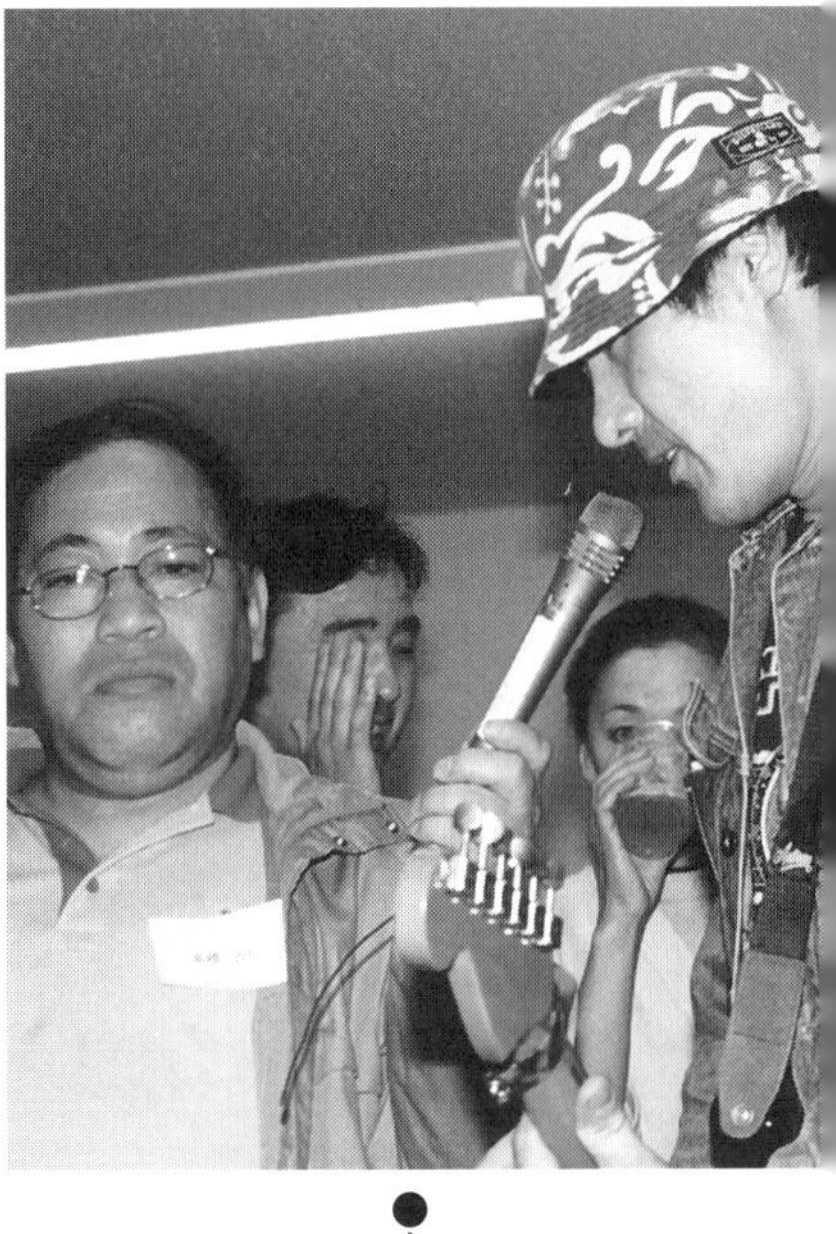

●高橋吉仁さん（左）

ない。べてるでは、弱さとは、公開されてはじめて威力を発揮するものとして尊重されている。だから必要なのは「弱さの情報公開」である。

第11章でも書いたが、べてるのミーティングでは「今週の苦労人」を紹介する場が用意されている。あるとき司会者が「今週苦労した人はいませんか」と言うと、さっと早坂潔さんの手があがった。「ぼくもお金はないんだけど、金欠病の仲間にお金やタバコを貸してとせがまれて困っています。断れなくて……」

それを聞いたみんなからは、次々にいろいろなアイデアが寄せられた。SSTを利用した断る練習も提案され、即席で、その場は練習の場面に早がわりした。

すると突然、「早坂さん、この前貸したお金いつ返してくれる?……」という声がメンバーの一人から上がった。なんと金欠病の早坂さんは、仲間から借りてまで人にお金を貸していたのである。

「ちなみに、早坂さんにお金を貸している人は手をあげてください」

司会者が聞くと、さっと何人もの人から手があがり、その場は爆笑に包まれた。

「今日は早坂さんのお陰で、SSTの大切さがわかりました。その意味で早坂さんの苦労はとてもいい苦労でした。ありがとうございます」

この司会者の最後の言葉でミーティングは終了した。

「弱さ」はそれ自体で一つの価値である

仕事も含めて、あらゆる作業や事業を進めるなかでわかってきたことがある。それは、到達目標や注

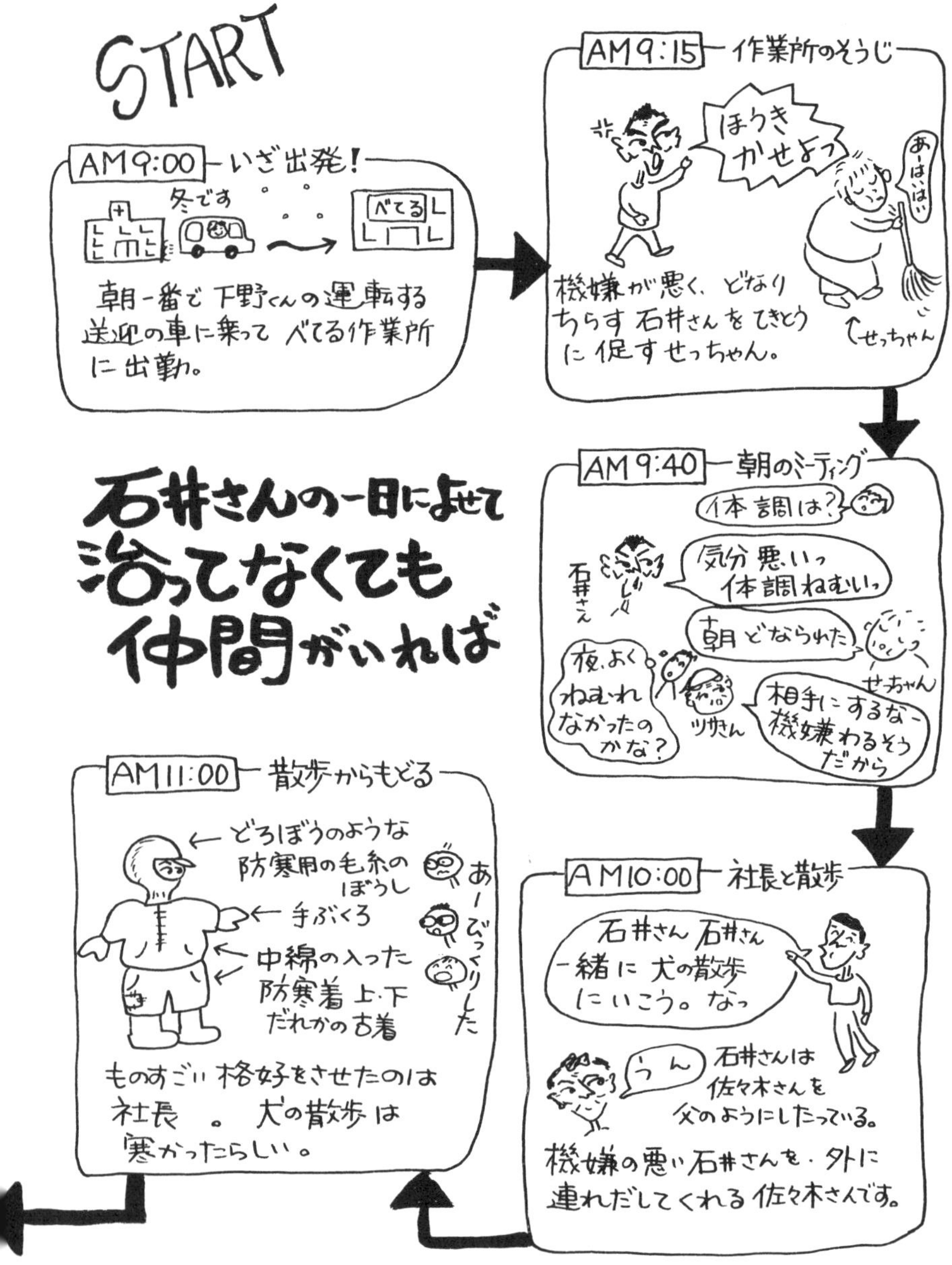

START
AM9:00 ―いざ出発！
冬です
べてる
朝一番で 下野くんの運転する送迎の車に乗って べてる作業所に出勤。
AM9:15 ―作業所のそうじ
ほうきかせよっ
あーはいはい
機嫌が悪く、どなりちらす石井さんをてきとうに促すせっちゃん。
←せっちゃん
石井さんの一日によせて
治ってなくても仲間がいれば
AM9:40 ―朝のミーティング
体調は？
石井さん
気分悪いっ 体調ねむいっ
朝どなられた
せっちゃん
夜、よくねむれなかったのかな？
リサさん
相手にするなー 機嫌わるそうだから
AM10:00 ―社長と散歩
石井さん 石井さん 一緒に犬の散歩にいこう。なっ
うん
石井さんは佐々木さんを父のようにしたっている。
機嫌の悪い石井さんを、外に連れだしてくれる佐々木さんです。
AM11:00 ―散歩からもどる
←どろぼうのような防寒用の毛糸のぼうし
←手ぶくろ
←中綿の入った防寒着上・下 だれかの古着
あーびっくりした
ものすごい格好をさせたのは社長。犬の散歩は寒かったらしい。

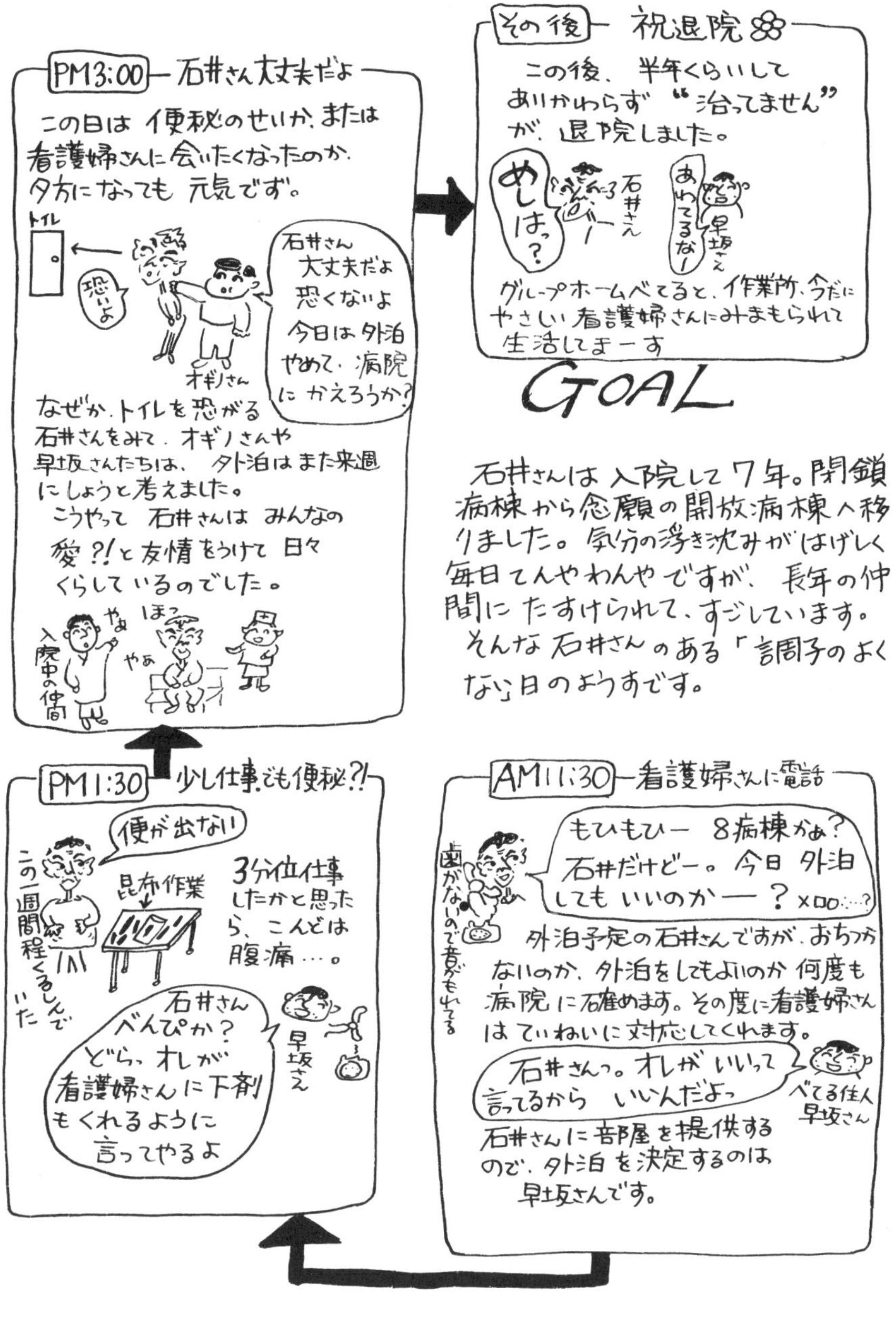
石井さんは入院して7年。閉鎖病棟から念願の開放病棟へ移りました。気分の浮き沈みがはげしく毎日てんやわんやですが、長年の仲間にたすけられて、すごしています。
そんな石井さんのある「調子のよくない」日のようすです。
AM11:30 看護婦さんに電話
もひもひー 8病棟かぁ? 石井だけどー。今日 外泊してもいいのかー? ×□□…?
歯がないので音がもれてる
外泊予定の石井さんですが、おちつかないのか、外泊をしてもよいのか何度も病院に確かめます。その度に看護婦さんはていねいに対応してくれます。
石井さんっ。オレがいいって言ってるから いいんだよっ
べてる住人 早坂さん
石井さんに部屋を提供するので、外泊を決定するのは早坂さんです。
PM1:30 少し仕事でも便秘?!
便が出ない
この一週間程くるしんでいた
昆布作業
3分位仕事したかと思ったら、こんどは腹痛…。
石井さん べんぴか? どらっ オレが看護婦さんに下剤もくれるように言ってやるよ
早坂さん
PM3:00 石井さん大丈夫だよ
この日は便秘のせいか、または看護婦さんに会いたくなったのか、夕方になっても元気です。
トイレ
恐いよ
石井さん 大丈夫だよ 恐くないよ 今日は外泊やめて、病院にかえろうか?
オギノさん
なぜか、トイレを恐がる石井さんをみて、オギノさんや早坂さんたちは、外泊はまた来週にしようと考えました。
こうやって 石井さんは みんなの愛?!と友情をうけて 日々くらしているのでした。
入院中の仲間
やぁ
ほっ
やぁ
その後 祝退院
この後、半年くらいして あいかわらず"治ってません"が、退院しました。
めしは?
石井さん
あわてるな!
早坂さん
グループホームべてると、作業所、今だにやさしい看護婦さんにみまもられて生活してまーす
GOAL

意事項を強調するよりも、各人がかかえる弱さやもろさから今後おきるであろうさまざまなアクシデントを事前に予測して、それをお互いに知らせ合うことが大切だということだ。

つまり個々の「弱さの情報公開」をすることを通じて助け合いが生まれ、結果としてリスクを回避する効果がある。こんなことも経験的にわかってきた。

弱さとは、強さが弱体化したものではない。弱さとは、強さに向かうための一つのプロセスでもない。弱さには弱さとしての意味があり、価値がある——このように、べてるの家には独特の「弱さの文化」がある。

「強いこと」「正しいこと」に支配された価値のなかで「人間とは弱いものなのだ」という事実に向き合い、そのなかで「弱さ」のもつ可能性と底力を用いた生き方を選択する。そんな暮らしの文化を育て上げてきたのだと思う。

第22章
それで「順調！」
失敗、迷惑、苦労もＯＫ

向谷地生良

介護用品のお店〈ぱぽ〉が改装オープンしてまもなくのころ、東京からべてるの家の見学団一行一五名が浦河にやってきた。

町内の宿泊施設で歓迎会をおこなっていたところに、べてるの家から緊急の電話が入った。すでに午後一一時を回っている。何ごとかと受話器をとると、「薫ちゃんが暴れている！」という声が飛び込んできた。

山崎薫さんは、自分の職場でもある〈ぱぽ〉の二階に居を構えている。彼女が暴れているという。事情もわからないまま、とにかく現場に駆けつけることにした。

〈ぱぽ〉店長・山崎薫物語

山崎薫さんは九州は大分県の出身で、精神分裂病になり母親の故郷である北海道浦河町へやってきた。一九九一年のとても寒い一月ごろのことだ。

彼女は生活のためにとにかく働かなくてはという思いで、精神的に不安定なまま道庁の出先機関で臨時庁員として事務の仕事に従事した。しかし職場で突然泣き出し、二か月ですぐ働けなくなった。その後パニック状態になったことをきっかけに、浦河赤十字病院の精神科に入院したのだ。

入院した彼女の病室を訪れた私は、ベッド上でボーッとしている山崎さんに自己紹介をした後、『べてるの家の本』を貸した。彼女は当時のことを、手記で次のように振り返っている。


『べてるの家の本』を読みはじめて、「自分と似た経験をしている人たちがいるんだ」と安心しました。ソーシャルワーカーとは何をする人かも知らない私でしたが、向谷地さんのいる医療相談室に通う毎日がはじまりました。べてるに通うよりも、相談室で向谷地さんと話をする楽しみを覚え、用事がなくても足を運んでいました。勝手にお茶を飲んだり、電話をとったりなど、相談室は私にとっては落ち着きの場所となっていったのです。それ以来、入院中の仲間にも「相談室にいこう！」と誘うことが私の役割になっていきました。

このころはまだ自分自身を見つめることもできなくて、ただ病気でないと言い張っていた時期でした。主治医の川村先生や向谷地さんにも必死になって、「病気じゃないんだ」と訴えていました。このころ新しい彼氏も見つかり、つきあいがはじまっていました。先生や向谷地さんに「男性依存」とも言われましたが、それまでの私は、人間としての本当の自分を見てもらうんじゃなくて、体だけ見てもらうような恋愛しかできなくて、恋愛をするたびにいつも傷ついていました。

病気ではないと思っていた私は、退院後は、四か月ごとに入退院を繰り返しました。通院もまったくせず、薬も飲まず三八キロまで体重が落ちました。自分を陥れようとする人たちがいる気分に支配され、疲れる毎日でした。その反面、男性とのつきあいは途切れず、男の人たちと喧嘩し警察沙汰になったり、いつも、周囲を振り回してばかりいました。

そんな生活が変わるきっかけになったのが、妊娠でした。三回目の妊娠でした。しかも入院中でした。母親は川村先生に、「生ませるつもりですか！」「絶対反対です！」と申し入れましたが、先生は、判断を私に任せてくれました。

べてるの家でも、私の出産支援をするための話し合いの機会をもってくれました。仲間からは産むことへの心配の声も出ましたが、「私が育ててあげる」という声も寄せられて、べてるとしても出産育児支援をしてくれることになりました。

出産という一大事業を無事成し終えた彼女は、その後も幾度となく入退院を繰り返しながらも、べてるの家の事業へ参加の志を抱いていた。その思いが仲間に伝わったのか、あるとき〈ぱぽ〉の店長に抜擢された。

相変わらず起きられなかったり、眠れなかったりの繰り返しだった。店番の合間を見て店内で「昼寝」をしながらの仕事だった。店内の隅で毛布をかぶって寝ている彼女に、お客さんが「ごめんください……」恐る恐る声をかけて起こしてくれるという、なんとも奇妙なお店だった。

見るも無惨な〈ぱぽ〉を見学してもらう

さて、「緊急事態」という電話を受けて現場に到着した私は、裏口からすぐ彼女の部屋に向かった。廊下には血のあとが点々とつづき、奥の部屋では手に怪我をしてボコボコに顔を腫らした山崎さんが休んでいた。窓ガラスは割れ、家具は倒されていた。

「どうしたの……」

「彼氏とここで喧嘩になって……そして……店も……」

そう言われて一階の店舗に降りていくと、眼前には信じられない光景が飛び込んできた。新装オープンしたばかりの店の玄関や側面のガラスが破壊され、フラワーボックスはなぎ倒され、土が散乱していた。店のなかにもガラス片が飛び散り、ちぎれた植物の花びらが哀れな姿をさらけ出している。

興奮状態の山崎さんは緊急一時入院となった。

すぐにべてるのメンバーに非常召集がかかり、深夜の後かたづけがはじまった。

「明日、新しいお店を見に東京からお客さんが来るというのに……」

ため息をつきながら、誰かの呟く声が聞こえる。真新しい玄関の入り口と側面の窓には、ダンボールの目張りで応急手当をした。後かたづけをしながら、みんなの覚悟が決まっていた。

「このありさまをちゃんと見学団に見ていただこう。これがもっともべてるらしい光景だから、いちばん最初に見てもらおう」

そして朝、東京からの見学団には、見るも無残な〈ぱぽ〉を見学していただいたのだった。

翌日届いた一〇万円の請求書

一日だけの緊急入院から帰宅した彼女が最初にしたのは、お店の近所を回って謝ることだった。

「昨夜はお騒がせしてすみませんでした。今後気をつけますのでよろしくお願いします」

そしてお店の修理がはじまり、彼女にはべてるから一〇万円の請求書が届いた。今後、働いたお金のなかから返済がはじまる。これまでも、彼氏との喧嘩の腹いせで壊したドア三枚、壁の修理八枚、ガラス四枚を修理した。事が起こるとすぐにべてるの営繕部門のメンバーが駆けつけて修理し、請求書を送付するというシステムだ。だから彼女は「お得意様」である。

冷静さをとりもどした彼女に、見学に来ている人たちから質問が寄せられた。

「山崎さんにとってべてるの良いところはどんなところですか？」

彼女は答える。

「いままでやってくるなかで、私はたくさんの失敗をしてまわりに迷惑をかけてきました。別にわざとやっているわけじゃないんだけど、人間関係もうまくこなしていけなくて苦労してきました。べてるの良いところは、どんな失敗をしてもちゃんと責任をとらせてくれるところです」

べてると出会ってからも、彼女は幾多の失敗を繰り返した。自暴自棄になり、みずからを責めさいなむときもある。そんなときは「ＯＫ！　それで順調！」という仲間の声に励まされたり、「病気は全然治っていないけど、苦労の質が各段にレベルアップしたね」などという川村先生からの珍妙な激励を受けながら、彼女は自分を励ます術を身につけてきた。そしていまその経験が、彼女につづく若いメンバーへの励ましのメッセージとして活かされはじめている。

第23章

べてるの家の「無責任体制」

管理も配慮もありません

向谷地生良

四年前の正月早々の出来事だった。夕方、べてるの家で借りている隣接する教会のガレージ内でボヤが発生し、消防車が出動したのである。不審火であった。地域の自治会や隣近所から「火事だけは気をつけてね」と事あるごとに言われている立場としては、最悪の出来事だった。

責任者出てこい!

駆けつけた警察、消防署からは「明日、責任者が署までくるように……」とのお達しがあった。鎮火のあと、「だから、気をつけろって言ったじゃないか!」「もう、出ていってもらうしかない!」と近所の住人から怒号が飛び交うなかで、べてるのメンバーや関係者に非常召集がかかり、善後策を話し合う場がもたれた。

「警察から責任者がくるようにと言われたけど、べてるの責任者って誰だっけ?」

まず、議論はそこからはじまった。

「もしかしたら、早坂潔が責任者か……」

「いや、早坂潔ほど無責任な男はいない。責任とは、ほど遠い……」

いろいろ話し合ったが、帯に短しタスキに長しでなかなか決まらない。出た結論は、「みんなで行こう」であった。翌日、べてるの家に住んでいるメンバーが、ぞろぞろと消防署やご近所へのお詫びに歩く光景が繰り広げられたのである。

べてるドーナツ論

「べてるの家の特徴を一言で」と言われたならば、誰もが「管理が行き届かないところ」と言うだろう。規則や決まりをつくっても守られたためしがない。それを守らせようとすると、守らせようとする人自身が「絶対、病気になる」とさえ言われている。

また、べてるを見学にきた人は「べてるには中心がない」と言う。「べてるドーナツ論」を展開している人もいる。一般的なピラミッド型の管理体制や命令指揮系統が見当たらず、きわめて平板な人のつながりしか見えない不思議な群れなのである。別な言い方をするならば「配慮のない世界」だとも言える。

べてるの家で働こうとする人たちのオリエンテーションに際しては、「けっしてあなたに意地悪しようとしているのではなく根本的に私たちはそれが苦手」と言いながら、管理の行き届かなさと、配慮のなさがまず説明される。「べてるでは、まわりから配慮されたり、良いサービスを受けられるという期待はしないほうがいいです」ときわめて素っ気ない。

無口ではいられないだけ?

「いちばん大切なのが、自分を助けるということ。そしていちばん大変なのは、自分とつきあうことだな」

そんな早坂潔さんの説明に戸惑いながら働きはじめても、いつが給料日かも不安になってくる。

「あのぉ、ぼくはいつ給料もらえるんですか」

「ああ、大事なことを忘れていたね。今度の木曜日だよ。わからないことはその調子で何でも聞いてね」

しかし、そのうち腹も立ってくる。

まわりの人たちにたいして「仕事はもう少してきぱきと。計画的に。口を動かすよりも手を動かして」などと考えはじめると、イライラが体中に充満してくる。とくに職場の問題点を掻きだすように積み上げたり、正しく規律ある職場に仕上げようとしたり、人の落ち度が気になる人たちには、気の毒なことに毎日怒りがおさまらない。

すると早坂さんに痛いところを突かれたりもする。

「問題だらけのべてるで問題を探したって、無限に出てくるよ。そのうち、このどうしようもなさが、なんとも言われない味になってわかるときが来るから。あんた、本当は自分に怒ってるんじゃないのか。べてるに来ると病気が出るからなぁ……」

「べてるの家の人たちはみんな話がうまい」とか「にぎやかですね」とよく言われる。それは「どんな無口な人でも、べてるに来ると腹が立って、つい文句の一つでも言いたくなる」ほどの無責任体制のためかもしれない。

責任をとらせてあげるという助け方

ボヤ騒ぎの後日談として、不審火を出したメンバーが特定された。「限りなく放火に近い不審火」ということだった。さらに、それまでの盗癖が問題となり、緊急召集された話し合いのなかで、べてるの住居からの彼の退去が申し渡された。

駆けつけた両親が平身低頭「弁償」を申し出たが、辞退した。両親には「彼を一人の大人として認め、今回の出来事に対しては彼自身に責任をとらせてあげる。それが、彼を人間としていちばん尊重したやり方だと思う」と、彼の尻拭いをしない「助けない助け方」を提示した。彼にはこう言った。「この一月の北海道の寒さのなかで帰る家もなく、お金もないあなただけど、あなたには、どんな方法を使っても生き抜く力があることがわかった。私たちは今日、なんの不安もなく、あなたにべてるを退去していただく。さあ、お帰りください……」

拍手とメンバーの激励を受けつつ、彼は頭を掻きながら極寒の浦河の町に出ていったのである。

べてるの家のメンバーの元気の秘訣は、このような「自己責任体制」のなかにあると思う。なによりも、生活のなかで派生する数多くの危機や苦労に直面してきたことと無関係ではない。それで、病気にもなる。入院もする。しかし不思議なことに、入退院を繰り返すほど元気さが増し、たくましさが増してくる。

第24章

「場」の力を信じること
口先だけでいい、やけくそでいい

向谷地生良

「今日も明日もあさっても、順調に問題だらけ……」というキャッチフレーズにもあるように、べてるの家は「カラスが鳴かない日はあっても問題が起きない日がない」と言ってよいくらい、苦労の絶えないところである。

フラワーハイツという共同住居の例をあげよう。

一人の女性が「食べるな」という幻聴に耐えかね、思わず「うるさい！」と叫んだ。すると隣に住んでいる女性メンバーが「私が悪口を言ったのがバレたのかな？」と心配になり、廊下にある公衆電話で母親に「誰かが告げ口をして困る」と訴える。すると壁越しに内容を聞いていた別のメンバーが「自分が疑われている」と思い込み眠れなくなる――こんなぐあいに、ドミノ倒しのように心配や不安が連鎖していくのである。

少しの不安やストレスが雪だるまのように膨らみ、精神症状として発現していく。そして周囲との軋轢が大きくなるにつれて、しだいに孤立感が増し、眠っていた自信のなさや不安がよみがえり、生活全体に影響を及ぼすこととなる。

あの腹の立て方、いいよね

人間関係に脆弱さをかかえたこのような人たちが、なぜ会社を設立し、人とお金を動かして「商売」をし、利益を出して職場として存続しつづけることができたのだろうか。その背景の一つに、「場のもつ力を信じる」ということがある。

「精神病は心やさしい人がなる」などという〝美談〟が一人歩きし、別な意味での誤解や弁解じみた理解が広まることがある。しかしべてるの家では、世間並みに十分醜い人事抗争が発生し、「あの人と一緒には仕事をしたくない」「あんな働かない人に給料はもったいない」などというトラブルが日常的に起きてくる。隅から隅まで「人にやさしく、思いやりに溢れたべてる」を期待してきた人にとっては、幻滅してしまうような場面があちらこちらで見受けられる。

ただ世間と違うところは、そういう人間関係をめぐるトラブルが発生すると、どこからともなく「べてるもじつに職場らしくなってきたなあ」という声とともに、「べてるの良いところは、不満や本音がこもらないでストレートに表面化することだよね」という現状を賞賛する声が同時に起きてくることである。さらには「最近、彼女も怒ってばかりいるけれど、あの腹の立て方はいいよね。今後が楽しみだね」などと誉められる人まで出てくる。

すると不思議なことに、問題だらけのべてるが、じつに微笑ましい豊かな人間の営みとして見えてくる。

ことだね」

「どんなことを言う人でも、働きやすい職場、地域の人たちに喜ばれる職場にしたいと思う気持ちには差がないからね。だから話し合えば必ずわかり合えるし、わかり合えなくてもそう信じてしまえば済む

早坂潔さんはこう言う。信じるに値する現実を見る前に、先に信じてしまう。信じられないような現実を目の前にしながら、みんなの思いと「場」の善意を信じてしまう——こんな「信じることの先取り」がべてるにはある。

しかし大切なのは、あまり真剣に、深くこころから、そして熱心には信じないことである。人はそんなに強くはない。

「このような現実で何を信じればいいのか……」という嘆きのなかで、実感をともなった信じ方をするのは困難である。だから信じられないときには、信じられない気持ちのまま、いいかげんな気持ちで信じてしまえばいい。それこそ「口先だけ」でいいし「やけくそ」でもかまわない。べてるの人たちには、そんな「いいかげんな信じ方」が身についているのである。

場の力
べてるでは"場の力"が
あれば あるほど
コミュニケーションの場も増え
苦労も増え
笑いも増えます。
全国の悩める人から
電話で相談を
うけるりかちゃん。
ふーん そう
相談できる人が
近くにいますか？
↓りかちゃんが
つかれて
きたら
他の
人に
かわる。
ないヨ
ぼく夜10時ごろ
なんだかさみしくて
発作みたいに調子悪く
なるんです
根上さん
じゃ10時ごろ でんわしてあげるよ
ほー
相談員荻野さん
おい 何か食いもの ないか
泣きながらたおれる
めぐちゃんを
またぐ岡本さん
わあー
また泣いてるー
相沢さん
まじめに相談カンファレンスを
する荻野さん
…でも10時に電話するのを忘れるのも
またべてる…！
いつも泣いてるのでみんなは
あまり相手にしない
あんた、のんでるから
フラフラして こけたん
だヨ
だって
すきなだけ
のんで
みろって
言ったじゃないか
階段でこけて骨を折った
アルコール依存の久保さん
みんな骨を折って
回復していくんだよー
…骨を折るって意味が…！
宇宙へ
いこうよ
早く
幻聴さん
ぼく、これから
UFOにのりたい
ので、誰か
えりも岬まで
つれていって下さい
幻聴さんに
さそわれて
UFOに
のろうとしている
山根さん
えりも岬から
のるんだー？！
ぼくものせて
くれる？
どんな
UFO？
色は？
たのしそうに妄想をきくみんな
スタッフ
藤原かおりさん
おっと
かくせない
お前病気だ
仲間やな
ムリすんな
ハイハイ
誰でも病気もちにしてしまう早坂さん。
メンバーもスタッフも弱さを出すのが
べてる流。
弱さを出させられる！
〈べてるな場の力〉
いいかげんがいいかげん

第25章

公私混同大歓迎
公私一体のすすめ

向谷地生良

最近、「専門家とは何か」と考えさせられるエピソードに遭遇した。

とある精神保健分野の研究発表の場で会場に配布された追加資料が、座長の判断により回収された。発表の内容は、「精神障害を体験した当事者や、一緒に活動を担っている関係者へのインタビューから、当該地域の精神保健活動を支える固有の視点を明らかにする」という地道なフィールドワークによるものであった。インタビューの内容はすでに報告書のかたちで公にされており、インタビューに協力した当事者も実名で体験を述べている。

専門家という亡霊

当事者本人にとっても、自分の意見が活字に載るということは「誇り」であっただろう。その証拠に、自分がインタビューに協力した調査研究が発表されるその場にわざわざご本人が背広を来て駆けつけ、発表者にも「がんばってください」という励ましの声をかけ、いちばん前の席に座っておられた。そして会場には、報告書で公開されているその方のインタビュー内容が追加資料として配布されていたのである。

一〇分ほどの発表が終わると、まず座長からの厳しい質問が発表者に向けられた。「研究者としての基本的な倫理を守って調査研究をしたか」ということと、「当事者へのインタビューによって未来永劫当事者に不利益が及ばないという保証を確約したか」というような質問であった。

一見理路整然とし、横文字混じりの執拗な「追及」だった。会場からも同様な指摘が述べられた。異様な雰囲気のなかで「今日は当事者の方が来ておられます」ということで、私の横に座っていた本人にマイクが渡された。緊張で震えながらマイクを持ち、彼はこう言った。

「……今日は、すいませんでした」

彼にとっての「誇り」の場が、「謝罪」の場に変わった瞬間であった。

不覚にも、「自分は実名を出してインタビューに応じたことを恥じていませんし、資料はぜひ読んでいただきたいと思います」という「勇気ある発言」を勝手に期待していた私にとっては、彼の「謝罪」は別な意味でショックであった。そのような「勇気ある発言」を封じ込めるほど座長の「学識高い見解」は堂々とし、威厳に満ちていたのである。座長はしきりに研究者としての倫理と人権の擁護を説き、「追加資料は、座長の権限で回収することと致します」と告げた。フロアからはそれを支持する拍手が沸き起こった。

いまから二十数年前、はじめてソーシャルワーカーとして「専門家」の仲間入りをし、精神科領域で働くようになって私自身をもっとも苦しめたのは「専門家であること」である。その亡霊がいまなお健在であることの驚きと、権威を装うことによってそれがさらに肥大化している現実を思うとき、「心のバリアフリー」などというテーマは、じつは、当事者や地域社会から「専門家」に向かって投げかけられたものであることがわかる。

ドクター、ナースも回復できる作業所づくり

精神障害は「関係の病い」であるとよく言われる。自分との関係、家族との関係、そして職場における人間関係につまずくことである。一方、回復へのヒントも「関係」のなかにある。関係のなかで傷つき病んだこころは基本的には、関係のなかでしか回復しない。

精神障害という病気が治る、癒されるということは、じつは治療者も含めてその人の生きている「場全体」の豊かさと密接にかかわっている。その意味で、「場全体の回復」という言葉も最近浦河ではよく用いられるようになってきた。「ドクター、ナースも回復できる作業所づくり」や「地域の人たちも回復できる作業所」というキャッチフレーズは、そのようなこだわりから発せられたものである。

そうした点から言うと、この二十数年間のべてるとの歩みを通じていちばん恩恵を受け、「社会復帰」できたのは、誰でもないソーシャルワーカーである私自身である。そして私自身の「回復」に応じて、当事者たちも一緒に人間的な成長を経験できたように思う。

そうはいっても多くの場合、「援助する側の人間」が自分自身の弱さを認め、回復し、人間的に成長するという事実は――精神障害を体験した当事者が病気を受容することのむずかしさと同じぐらい――受け入れがたいし、認めがたいものである。

精神科看護婦は精神科患者が嫌い

以前、精神科病棟の若手の看護婦たちが、看護職員全員を対象に「精神障害者に対するイメージ調査」を実施したことがある。

「あなたの家の近くに精神障害者の利用する作業所や共同住居があったとします。あなたはどのように思いますか」という問いに、用意された項目から自分の態度を選ぶというものだ。「必要なものだ」「遊びにいきたい」という好意的態度から、「郊外につくってほしい」「こわい」といった拒絶的態度まで数多くの選択肢があり、そのなかから該当するものを三つ選ぶというものだった。

事前の予測としては「他部門の看護婦の精神障害者に対するイメージは、精神科の看護婦に比べて悪い」というものだったが、その結果は非常にショッキングなものであった。精神科病棟の看護婦のほうが、他の部門の看護婦より「拒絶的態度」が一五％も上回るという結果が出たからである。

精神科の看護婦はつねに入院時の病状の悪化した状態でメンバーと向き合い、他部門の看護婦は、むしろべてるのメンバーをはじめ社会の第一線で活躍している人たちと会うことが多いという現実が、このような結果を生じさせたのだろう。また一方、精神科看護は仕事を通じて深い内省を迫られたり、自分自身と向き合うことを求められるため、「病院を離れたときぐらい仕事を忘れたい」という願望があるのかもしれない。

ワーカーはもちろんスタッフの多くも、じつは一人の人間として、社会人として、「生きる悩み」をかかえている。それは当然のことである。

しかし、白衣という「権威」がその当然のことに気づかせない。白衣は、「私たちは入院患者と同様に生きることに悩み、ときには無力である」という明白な現実を隠蔽し、不自然なほどの毅然とした態度で職務を遂行することを強いてしまう。

そして、しだいに自分自身の二面性に疲れていく。精神障害者という「関係の病い」を負った人たちとはいちおう見かけ上では治療的・援助的にかかわりあうことはできても、職場の人間関係には適応できない。じつは職場の人間関係のほうがむずかしいのだから当然なのに、そのことが認められない。

このようにして「公」と「私」という二重の基準のなかで、「専門家」は大切な何かを失い、疲弊しつづけているように見える。

二重基準が通用するような世界ではない

精神障害者を体験した当事者は、そのような二重の基準のなかでは器用に生きられない人たちが多い。ウソや隠し事が苦手である。べてるの家のメンバーとかかわりあうなかでいちばんの大変なことは、そのような二重の基準が通用しないと知ることなのである。

想像もしなかった精神病院への入院を経験し、自分の人生はもう終わりだと嘆き、自分の運命を悲しむ当事者たちが、にもかかわらず、私の人生は意味あるものだということを見出していく。そのプロセスを共有することが私たちの役割だとするならば、ともに自分の弱さを知り、ともに自分を担うという過程のなかでしかお互いの関係は深まらないのではないか。

公私混同
それはお正月の朝
石井さんは、いつものように玄関をドンドンたたきましたが誰もでてこないので、まずは向谷地家の犬ペロの散歩にいって、戻ってきてから、空いていたベランダのドアから部屋に入ってきました。
あいていたベランダから勝手に入ってくる
ワンワンワン
おーーい何か食いものあるか
ドタドタ
外ぐつのまま入ってくる石井さん
向谷地さん
小学生まなちゃん
あっ、石井さんだおはよう
それより、くつはぬいで入ってきて……
マジンガーZ
えい
バラバラ状態の早坂さんを相手にチャンバラごっこする
長男のりんぼう
石井さん
よしよし
生後3ヵ月のまなちゃん
長女さらちゃん
えっとねー
妻えつこさん
えつこさんこれどうするの?
忙しいママのえつこさんにかわって子どもたちのめんどうをみてくれたのは、石井さんはじめべてるの人でした。あそぶには精神年令がぴったりでした。
それはのりんぼうの巣立ちの日
のりんぼうは進学のため家を出て1人ぐらしをはじめることになり、べてるの人とお別れ会をしました。
色々な思い出のあるのりんぼう。ぼくを忘れないでね
早坂さん 世話したつもりでしてもらった。
ぼくね、1人ぐらしの秘けつおしえてあげる。
①友だちをつくらない ④親をぶんなぐる
②こどくをあいする ⑤誰の話もきかない
③"おすきの"にいく ⑥世の中みんな敵だと思う
そうしたらぼくみたいになれるよー
1人ぐらしの先輩松本くん
食べかけのあめやガムをあげて子守してくれた社長さん
苦労は若いうちにしようってことですネ
のりんぼう参考になるべ?
父
うん病気になったら、べてるにくるね
のりんぼう
弱さをきずなに……病気になっても安心さ

しかも、その深まりと成長のためには、社会的ないかなる実績とか成功よりも、お互いの「弱さ」そのものが必要となるのである。

お世話になったおじさん、おばさんとして

この浦河で精神保健分野の専門家であるということは、精神障害を体験した当事者と同じ町民としてご近所づきあいができる能力をもった人たちであることだと思う。以前、ある作業所にかかわっている心理の専門家に相談されたことがある。「作業所のメンバーにカラオケに誘われているのだけれど、断りきれずに行ってしまった。心理スタッフのタブーを私は破ってしまった」と。

私が朝起きると、べてるの家のメンバーが茶の間で寝ていることがある。勝手に犬の散歩もしてくれる。べてるの家を保育所代わりに育ったような我が子にとって、べてるの家の人たちは「お世話になったおじさん、おばさん」である。共働きで子どもを保育所に迎えに行く時間がないときも助けてもらった。私の家族の生活は正直いって、べてるの家というご近所なくしては成り立たないというのが現実だった。それはいまも変わらない。

精神科の川村先生の自宅はさながらべてるの保育所と化し、毎週のようにホームパーティが開催されている。そして浦河の町では、べてるの家のメンバーなくしては暮らしが成り立たない人たちがじつに多くなってきた。順調に「公私一体」のご近所づきあいが広まり、「お互いさま」の町づくりがはじまりつつある。

コラム

べてるに染まれば商売繁盛

えにし屋代表
清水義晴

私は新潟にいながら、町づくりや地域づくりのアドバイザーとして、全国各地の企業や組織や町の活性化や商店街等の地域づくりのお手伝いをしています。べてるの家と出会った一九九〇年当時は、博進堂という印刷会社の社長を弟とバトンタッチしたばかりのころでした。

べてるの家との最初の出会いは、ソーシャルワーカーの向谷地生良さんの幾編かのエッセイを通してでした。

そこには、アルコール依存症の親をもった子どもたちのことや、アイヌの人たちの人生、精神障害というこころの病いをかかえながら生きている人たちのこと、そして向谷地さんの葛藤やそれを通じてのこころのつながりあいが目に浮かぶように書かれていたのでした。

私は大きく揺さぶられ、胸が熱くなりました。ここにはなにか私たちのこころの救いにつながる大事なものが潜んでいる、と感じられたのでした。

この向谷地さんの文章を私に紹介してくれたのが、浦河町の友人、小山直さんでした。コンピュータを経営に生かすための全国ネットの仲間です。その小山直さんに私がすかさず提案したのが、「べてるの家の本をつくりましょう」ということでした。ここで起こっていることを本にしたい、それはきっと多くの人のこころの奥底に響くに違いないと思えたのです。そこでできたのが『べてるの家の本』です。

＊

べてるの家は、問題だらけで不安で、多くの葛藤をかかえながら、にもかかわらず、ユーモア精神に溢れ、絆を深め合っています。それは、私自身が潜在的に求めていたものに出会えた感動だったと、いまになって思えるのです。最近出会った坂口安吾の文章がそのことを教えてくれました。

　坂口安吾は、新潟の出身であることもあって、二〇代に、とくにその『堕落論』によって精神的に大きな影響を受けた作家です。『堕落論』のなかで安吾は、「堕ちる道を堕ちきることによって、自分自身を発見し、救わなければならない」と言っているのですが、彼が精神病院に入院していたことがわかったのです。

『安吾全集』のなかの「精神病覚え書」の文章を、少し長いですが引用してみましょう（『定本坂口安吾全集・第四巻』冬樹社、一九六八年）。

《精神病者は自らの動物と闘い破れた敗残者であるかも知れないが、一般人は、自らの動物と闘い争うことを忘れ、恬として内省なく、動物の上に安住している人々である。

　小林秀雄も言っていたが、ゴッホの方がよほど健全であり、精神病院の外の世界が、よほど奇怪なのではないか、と。これはゴッホ自身の説であるそうだ。僕も亦、そう思う。精神病院の外側の世界は、背徳的、犯罪的であり、怪奇千万である。

　人間はいかにより良く、より正しく生きなければならないものであるか、そういう最も激しい祈念は、精神病院の中にあるようである。もしくは、より良く、より正しく生きようとする人々は精神病的であり、そうでない人々は、精神病的ではないが、犯罪者的なのである。》

　いかがでしょうか。いまのべてるの家が、私も含め多くの人のこころの壁を破り、解放してくれているその由縁がうなずける文章ではないでしょうか。こうしてみると、親鸞、安吾、べてるの家と、「降りていく生き方」の系譜があるようにも思えます。

　こんな出会いから、『ベリー・オーディナリー・ピープル』というビデオを監督の四宮さん、カメラの岩田さん、録音の内山さん、編集の森田さんたちに助けていただいて作りつづけて、九巻目を制作中です。そしてその九巻目のタイトルが「降りていく生き方」なのです。

現代は、企業中心、経済中心の競争社会で、「昇っていく生き方」が主流です。しかし、この勝ち負けをともなう「昇っていく生き方」では、人間はどうも幸せにはなれないようだということにそろそろ私たちは気づきはじめたのではないでしょうか。そのことに気づいた人たちが、ジャンルを超えてつながり合ってきています。

名古屋では、鶴田清さん・紀子さんご夫婦を中心にして、医療や福祉というジャンルを超えた「べてる祭り」が毎年開かれ、すでに六回を数えました。人と競い合って「昇っていく生き方」から、助け合って「降りていく生き方」へ、まさに社会の大移動がはじまろうとしているというのが私の実感です。もっともこれは、私の妄想にすぎないのかもしれませんが……。

＊

「商売繁盛」という私に与えられたテーマからはずいぶん外れてしまいましたが、この「降りていく生き方」のなかにこそ、これからの商売繁盛、人生繁盛の秘密が隠されているように思うのです。逆にいえば、いままでの、自分だけの利益を追求するような企業のあり方では、たとえその企業が生き残ったとしても社会は崩壊し、生きるに甲斐のない世界になってしまうことがハッキリしてきたということでしょうか。

もともと商売が成り立っていくことも、人生を幸せに生きることも、けっきょくは人間関係をどう築いていくかということであって、その成否は人と人が支え合えるかどうかということにかかっていると思います。べてるの家の「弱さを絆に」というメッセージは、そのことをよくあらわしています。人と人とが、弱いからこそつながり合えるというところに、安心の世界が生まれるのでしょう。

べてるに染まれば、自分の色をとりもどし、人とつながれ、人生が繁盛し、商売が繁盛していく。それは、自分の生き方と経済活動を統合していくことであり、「降りていく生き方」そのものでもあると私は思うのです。

番外編 べてるな人びと

吉田めぐみさん

服部洋子さん

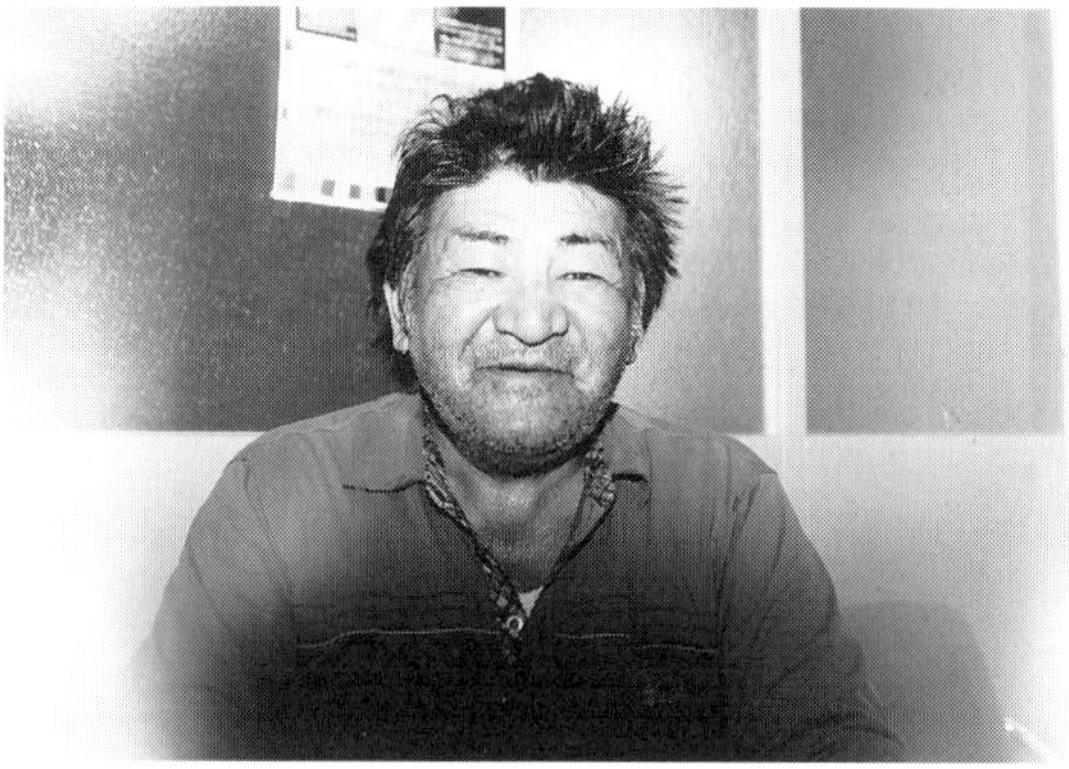

向井寿澄さん

山本賀代さん

成田つささん

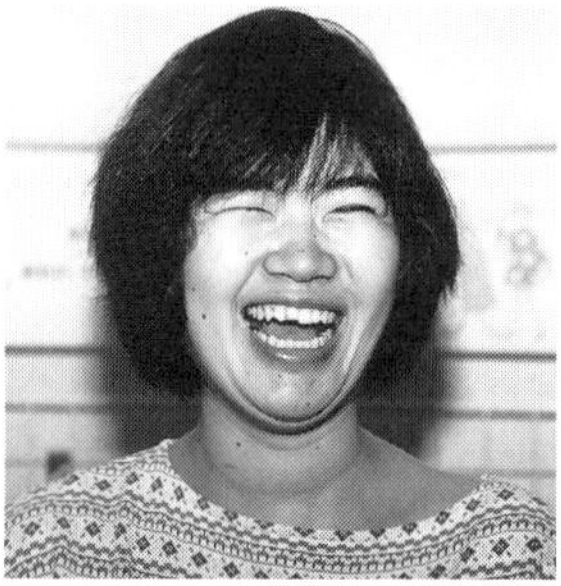

長友ゆみさん

V インタビュー

❶ 社会復帰ってなんですか？

向谷地生良

聴き手●医学書院編集部

――向谷地さんは、「社会復帰を促さないソーシャルワーカー」だそうですが。

自分自身、社会復帰で苦労しましたから。私は出身が青森ですから病院のある北海道は見ず知らずの土地だし、襟裳岬の手前の浦河というのは、ほんとうに寂しい町なんです。浦河の駅に降りると倒れかかったような旅館がポツリポツリとあるだけで、だいたいみんなあそこで帰りたくなる(笑)。

しかも、病院ではじめてのソーシャルワーカーでしたから先輩がいない。お医者さんとか看護婦さんが集団で機能しているところに、たった一人で入っていくのはとても大変で、いろいろな失敗を繰り返しました。だから精神科を退院した人たちが社会復帰することを考えたときに、自分自身の苦労やプレッシャーと、かれらが町で暮らしていくということがイコールになったんです。

――患者さんの苦労と同じというわけですね。

そう。そしてもう一つ気づいたのは、お医者さんの多くが「この町に住むと子どもの教育によくないから」と単身赴任なんです。看護婦さんたちも、義務年限が終わったら都会に行ってしまう。だいたい五年経つとほとんどいなくなる。ということは、お医者さんや看護婦さん自身がこの町で暮らしたいとは微塵も思っていないってことですよね。ところが患者さんには「この町で暮らしなさい」と押し出す。そういう構造が見えてきた。

――当事者の人たちと一緒に住んでしまった向谷地さんとは、そのへんが違う。

いや。私も浦河の駅に降りたときに、この町の寂しさとか、さびれ方に衝撃を受けました。この町で一生終わるのかと、ものすごいわびしい気持ちがした。そういう気持ちになったということが、自分にとっては非常に大事な原点なんです。

私のように収入があって仕事があって、それなりに社会的な安定を保障された者でさえ、不安に思ったり現に苦労している。だから精神障害を体験した人たちがこの町で暮らしていくというのは、そんな単純なことではない。二重、三重のハンディを負っている。ところが病院はそれを単純化しているんです。精神障害の人だけをとりあげて、その人たちだけに「自立」や「元気」を求めるのは、むしろおかしいのではないかと思ったんです。

「精神障害者だけに」というのがおかしい？

ある種の幻想ですよね。いわゆる精神障害をもっていない人たちだって、町のなかでどれだけ生活に張り合いをもって明るく楽しく暮らしているかというと、そんなことはないわけですよ。収入を得て職業があり家族がある人たちがすべて人生において成功しているかというと、そんなことはない。むしろそこには、その人たち固有の苦労があって暮らしているわけです。

ということは、社会復帰とは何かといえば「苦労に戻ること」である。そういうイメージが出てきた。社会復帰とは、嘆いていた人たちが笑えるようになるということではなくて、当たり前の苦労に立ち戻ることだと思えてきた。

むしろ苦労するために社会に戻る。

いくら社会復帰、社会復帰といっても、生活上の悩みとか不安がすべてなくなるわけではない。むしろ生きていくなかで当然のように人とぶつかったり悩んだり苦労したり、精神科の病気がよくなったと思ったら他の病気になってみたり、身内の死に目に会ってみたりとか。やはり人間の暮らしには、さまざまな複雑で予想しきれないものがあるんです。そういうふうに考えたら、むしろつらいことのほうが多いのが当たり前。

以前アメリカの哲学者、ティリッヒという人の本を読んで、むずかしくてほとんどわからないなかで、これだけはなんとなくわかったのは「プレディカメント predicament」という言葉なんです。人間が本来的にもっているような苦しみ、というような意味です。「人には越えてはならない、克服してはならない苦労や苦悩がある」ということです。ほんとうにそうだなと思うんですよ。

私たちが病院で「社会復帰」というときには、何もかもを、克服したり、越えたり、改善してしまおうとするわけですが、精神障害というつらい体験をした人であろうがなかろうが、一生涯担っていかなくてはならないことは誰にもちゃんと備えられている。それを大事にしなくてはいけない。

困り事って、あってもいいんですね。その意味で社会復帰とは、「〝越えるべき苦労〟と〝克服してはならない苦労〟とをきちんと見極めて区別すること」だともいえます。だからべてるの家では、「人間には越えられない苦労がある」ということを守る装置として会社をつくったんです。

●向谷地生良さん
一九五五年に青森県百石《ももいし》町に生まれる。一九七四年に北星学園大学社会福祉学科入学。特養ホームに住み込んだり、難病患者や脳性まひの障害をもった当事者たちとかかわる。一九七八年に卒業後は本文にあるとおり、浦河赤十字病院医療社会事業部でソーシャルワーカーとして勤務。

――どういう意味ですか？

商売というのは苦労が見えてくる。会社というものは、自分たちがかつて傷ついてきた人間関係とか利害とか私利私欲が、すべて噴き出すんです。利益を共有する会社という場では、「オレたち精神障害者は差別されている」とか「地域に理解がない」という単純な切り口ではないさまざまなことが起きてくる。

病気を体験したどうしなのに、「あんな奴に来てもらったら困る」とか「あいつはオレより仕事をしないのに給料が同じなのはおかしいじゃないか」とかいう文句が出てくるんですよ。じゃあ、あいつのクビを切ってもっとましな奴を採用しようかとなったときに、ハッと気がつくわけです。自分がいままで会社でされてきたことをしようとしている、と。

ではどうするのか。朝になっても起きれない、仕事をしないあいつを切るのか。そこでみんなで何が大事かを議論するんです。そうすると「ちょっと放っとこうか」となる。ソロバン勘定を合わせたら全然働かない彼に給料を払うのは合わない。でも待ってみようか、と。

――そんな状態では、お金の苦労も絶えないのでは？

お金がもうからない苦労も大変ですが、なにより苦労するのが人間関係です。私が社会復帰ということを考えていったとき、やはりこれだなと思ったのは、人間関係が一つの土台になっていかなくてはならないということです。
私自身が新米のワーカーで職場の人間関係にものすごく苦労していくなかで、「これだ!」と思ったんです。どんな社会復帰ネットワークができあがっても、社会復帰のための地域の受け皿ができあがっても、最後の最後に自分たちが乗り越えられないものは、やっぱり「人間関係」。ここが壁だと思う。
私はワーカーでありながら職場の人間関係に苦しんでいたわけです。見ると看護婦さんたちも、そういうことは日常業務でたくさんある。そして、精神障害を体験した人たちも、まさに人間関係のなかで傷ついたり、壁にぶつかったり、挫折したり、絶望的になったりしている。または自分という人間のこれまでの境遇を受け入れられなかったり、職場の人間関係で傷ついたり……。みんないろんな「関係の危機」があるんです。

——人間関係に苦しんでいるという点においてはまったく同じ、だと。

同じ。関係論ということで当てはめていったときには、そこは誰も成功していないのです。誰もが苦労して、誰もが答えを求めてうごめいているという構造があるわけです。

——誰もが人間関係に困っているというのはおっしゃる通りだと思いますが、精神障害者の方は病気が原因で困っているんですよね。

精神障害があって「関係の危機」を経験したという部分もあるでしょうが、はじめからみんな精神障害だったわけではないですよね。むしろ関係論で見ていったときに、〝発病する〟ということが「関係の危機を緩和する装置」として働いている部分が見えてきた。逆にそういう緩和装置をもたない私たちは、どこまでも泥沼になるわけですよ。

精神障害の人たちは、無理をしたら元気がなくなったり、ストレスにさらされたらそれが再発を引き起こすという「緩和装置」をもっている。かれらは、そういう緩和装置を使って関係を改善するための工夫をつねにしている。たとえば無理をしないとか、「とても憎たらしい人だけど、こういう面を見たらよいところもある」とか。関係をつねにバージョンアップしていく力をもっているんです。少なくとも私が当事者の人たちとかかわっていったときに、そこから見えてきたかれらの生活や関係のもち方にはすごい発見が多かった。

――敏感な性能のいいセンサーをもっている。壁にぶつかる前に横に行くとか。

いままでの地域リハビリテーションの考え方では、当事者の人たちは依然としてサポートを必要としている人たち、治療を受けなくてはならない人たち、ある面での不十分さをもっていて乗り越えなくてはならない人たち、または底上げしていかなくてはいけない人たちだったんです。しかし、「不十分」で「克服していく」人たちというよりは、むしろ緩和装置をもった人たちの「可能性」みたいなものに、地域とか治療の側の人間は着目していかなくてはならない。

「社会復帰」という見方は、この人たちのもっているセンサーを見逃してしまう。それはすごくもったいないと思う。逆にいえば、当事者の人たちが「自分は社会復帰しなくてはならない」と自分を規定してしまうこと、「いまのままではダメ」というイメージを植え付けてしまうこと自体が、もったいないという印象がすごくあった。だから「社会復帰」ではないんです。

――社会復帰というと、社会から落っこちてしまって、そこからまた「上がっていく」という感じですよね。

だから私たちはそういう意味で、むしろ「降りていく」会社をつくろうということなんです。失ったものをもう一度積み上げていくという積み上げ方式ではなくて、一歩一歩降りていく。そういうスタンスです。やはり「障害の克服論」とは違う切り口を大事にしています。

当事者の人たちを社会復帰させるためとか、社会復帰をどう促すかという切り口でやってきたら、べてるは生まれなかったと思います。要するにべてるのみんなは、「オレたちは障害者としての苦労ではなく『人間の苦労』をしてきたのだな」と、「オレたちはいろいろな苦労をして精神科の病気にもなったけれども、町の人たちも苦労しているな」と、きっと感じているだろうということです。

これに比べると、従来の精神科での治療論とかリハビリテーション論は、ある意味では人間というものを非常に単純化しすぎている。パターン化して、狭い社会を考えすぎていると思うんです。精神科にいったん入ると非常に計画的で、客観的な専門家のアドバイスというもののなかで生活を律する世界に置かれてしまうんですね。

むしろ、社会復帰は精神科リハビリテーションという世界のなかにないほうがいいと思う。

専門家の予測する、意図する、計画する世界のなかでは精神障害者の自立とか社会復帰は起こらないほうがいい。そういうなかで起きてくる自立とか社会復帰ぐらい役に立たないものはない。企業の人とつきあってきたりすると、精神医療の世界が保護的に過ぎることがわかる。人間らしい生活を保障すると思ってきた世界のほうが逆に不自然で、常識的でないということです。

❷ 病気ってなんですか?

川村敏明
聴き手●四宮鉄男(映像作家)

――えっ? お医者には、本当のことは喋らないんですか?

医者の立場からすると、幻聴を軽くしてあげなければいけないと思ったら、思いやりをもってクスリを増やすと思うんです、少なくとも二割は。それでもダメなら五割は増やしてあげて。それは患者さんにとってはうれしくないことですからね。

――でも、べてるのメンバーはよく病気のことを話しますよね。

いま浦河でやっているのは、病気であるかどうか以前に、本人の苦しい経験や思いを初めて人に伝えた、自分の言葉として発したということです。ぼくはそこに最大限の価値を見たいし、あるいはそこに光を当てたい。それがすごいんだよね！　というように。そして、そういう経験をした人、ほかにも同じような人がいるんじゃないだろうか。ずいぶんいるよね。じゃあ、みんなで相談してみようよ、と。そういう段階をいっぱい経たなかで、たとえばクスリがどう役に立つのか先生に聞いてみようとか、お互いにどういうふうにクスリを役立てているかとかを語りはじめることから大事なつながりも生まれてきて、病気ということの重さから多少とも解放されていくんですね。

かたや従来の病院の治療というか、ごくふつうに医者が治療することだけを前提にしちゃうと、当然、重っくるしいクスリをさらに乗っけていくわけですよ。でも、そういうことが治療なのか？　って思うんです。そんな現実の治療の場に、みんなはある種の絶望感や失望感を味わうわけですよ。だから黙っていようと。言うんだったらソーシャルワーカーのところへ行こう、それも口のかたいソーシャルワーカーのところへ、と。治療の場のなかで自分の苦しみを言えないということが、残念ながら、いまの精神医療の大半の現実なんです。

べてるのメンバーから教えられるのはそういうことです。かれら自身の立場にたって、何をしてもらえれば良いのかということを最優先に考えたときに、治療の場のあり方も変わってくるようにぼくは思うんです。何が自分たちにとって本当の援助になるのかということを、かれら自身の言葉で語ってもらう。そのことが、なによりも病院やいろいろなところへ届けるべきメッセージかなという気がするんです。

――やっぱり医療者の側に、治療するとか、治してやるという意識が強いんですか？

現実にどこの医療機関でも、多くの医者たちも、「自分たちがどうすればいいのか」とか「どういう技術が必要なのか」というイマジネーションをもちえていないんじゃないかという気がするんです。ただ自分たちがやってきたなかで、これがいいと思っていることを一所懸命にやっている。ただ、精神病院のなかでは、一所懸命さというものは妙にやっかいなことでしてね。

べてるのみんなも、ぼくに「そんなに治してくれなくていいんだ」ということを最近はずいぶん言ってきます。「先生、変にリキむなよ！ 精神科医がリキむとろくなことはないぞ！」っていうようなことを、かれら流の言葉で言ってくれてるんじゃないかな。

従来のかたちで言ったら、治療者サイドは「なんでもできる人、なんでもわかっている人」で、かれら患者は「できなくて、わかっていない人」という設定ですから。しかし現実を見ると全然そんなことはないんですよね。

●川村敏明さん

一九四九年に北海道森町に生まれる。北海道大学水産学部に入学したが三年で中退。その二年後に札幌医科大学入学。卒業後八一年から二年間、研修医として浦河赤十字病院精神科に勤務。札幌旭山病院アルコール専門病棟勤務後、一九八八年に再び浦河へ。現在、精神神経科部長。

――なかなか患者さんの立場には立てないんですね。

かれらから、すばらしい言葉やすばらしい経験がいっぱい湧いてくるように出てくるなんていうことは、ぼくがこの仕事についた当時は想像もできませんでした。いま、べてるのメンバーは圧倒的にたくさんの言葉をもっていますよ。コミュニケーションの内容はいざしらずボリュームはね。量たるや圧倒的なものがある。そして、言葉で出会っていくものが本当に大きいんだなと、ぼくらはあらためて感じさせられています。

しかし一方で、なるべく医療の場の現実が見えないように、私たち医療者の無力さを見えないようにしてるんだなあというのをつくづく感じますよ。日本の精神医療というのは、残念ながらそうなっている現実がたいへん多いんですよ。本当のことを言われたらじつは困ってしまう、というような。それは私自身の経験としてもそうだった。「先生のおかげで調子いいです」と嘘でもいいから言ってくれるのが本当はいちばん良い患者さんだったんです。そこに現実の問題が出てくると、じつは困ってしまうというのがあるんじゃないですか。

精神医療の世界で、精神症状のことや患者さんがかかえる問題を正直に話されると困っちゃうなんてことは、おかしなわけですよ。でもそれが現実ですよ。浦河だって、その現実からスタートしたんです。

――患者さんどうしでは、病気のことを話さないんですか？

ぼくも最近聞いてわかったのは、精神病で入院を何回もしている人たちが、病院のなかでも患者さんどうしでも精神病のことを何も話してこなかったんだということです。だから自分と同じ病気の人がいるというのを知らなかった。

分裂病とか幻聴とか妄想とかいう言葉を、かれらが自分のこととして使うことがずっとなかったんです。それらはすべて「言われる言葉」だったんですね。

「分裂病です」と言われる。ただ聞いているだけですよ。「妄想だ！」とか「幻聴だ！」とか、すべて誰かに言われちゃう言葉だった。それがいまは、かれらが自分たちのこととして、自分たちの言葉として使っているわけですよ。

医者から言われる言葉でなく、自分たち体験者の言葉として、医学用語でない言葉をつくったりしてきていますよ。たとえば、医者から言えば〝幻聴〟だけど、かれらが言うときは〝幻聴さん〟とさんづけしているのも、それが本来のかれらが使う言葉なんだろうと思うんです。

幻聴というのが自分自身にとっての一つの体験だとすると、その体験のなかにいかに関係性――最近は人間関係というのが浦河でもテーマになっているわけですが――を上手にもっていけるかということが課題になってくる。自分がそういう練習をするとか。

――患者さんの立場に立った幻聴とのつきあい方ですか？

幻聴というのを一つの人格だというふうに考えようと。いつも自分に悪口を言ってくるような、そういうイヤな人間とどういうつきあいをすればいいか。現実にもわれわれのまわりにはイヤな人がいるよね。そのイヤな人とどうつきあうかということと、イヤなことを言ってくる幻聴さんとのつきあいも同じように考えていいんじゃないだろうか。一人の人格として見てみようと。だから〝幻聴さん〟って、さんづけで呼ぶくらいが相手に対しても失礼がなくていいよね、という感覚をすごく大事にしていこうと。

たんに病気扱いにして、消してしまわなければいけないものというよりも、その幻聴さんとのつきあいのなかで、本人からもいろんな経験がいっぱい出てくるんですよ。

「先生、幻聴さんって、やっぱり、怒ると向こうも怒ってくるんです」

「普通の人間とつきあうのと同じです」

「幻聴さんの言うことを最近は聞いてあげたら、たまには幻聴さんもいいことを言ってくれるな」とか。そう思うと幻聴さんのほうも、「お前、最近はよく聞く耳を持っているな」と誉めてくれるとか。そういう非常にいきいきとした幻聴さんとの関係が伝わってくるんですよ。

われわれは幻聴を非常に否定的なものとして見ていましたから、さんづけどころか早くクスリで、それこそ殺菌剤でバイキンを殺すように幻聴をなくさないといけないと思っていたわけです。そこがまったくいまは変わってきて、さんづけをして、いいおつきあいをしていこうということです。そういうことを大事にするのが、現実の人間関係が良くなることにもとても役立っているんだと。

そうしたことが、かれらにはいちばん納得いっているみたいですね。しかも自分の幻聴さんのキャラクターをきちんと言えるのが当然なんだというくらいの。それは一つの文化ですよ、もう、かれらにとってての。

だから自分の病気を紹介するときも、幻聴のある人は「私の幻聴さんはこれこれこういう内容なんです」と言って、はじめて自己紹介が完結するような感じですね。

それは医者がどうしろこうしろと言ってきたというよりも、かれらの経験のなかから生まれて獲得してきたもので、従来の医療の世界にはなかった非常に新しい文化を生み出しているんだなという気がします。

――大崎さんなんて、すごい存在というか、存在感がすごいですね。

大崎さんは、七二一人の幻聴さんをもつ男ですよね。おもしろいのは、講演会などに出かけると多少サービス精神も出てきて、「今日はここに二〇〇〇人の幻聴さんが来ていますよ」とか社交性まで生まれてきていますよ、最近は。

だけど以前は、圧倒的な数の幻聴にいつも圧倒されていて、数も内容も――非常に攻撃的に責めてくる内容を含めて――彼も耐えられなかったんですよね。ものすごく幻聴に対して怒って、怒鳴りまくって歩いていたんですよ。一見穏やかそうな人に見えるけど、その穏やかな彼が黙っていられないくらいのそういう幻聴が常時聞こえてきたんだろうと思うんですね。

だけど、「幻聴のある人がすごいね!」という見方が浦河に出てきたものですから、いままで最悪な患者さんだった彼が大スターになってしまった。「彼こそがまさに幻聴体験のなかで生きのびてきた人なんだ。彼は埋もれていた素材だ」ということがみんなにわかってきた。いま、〈べてるドリームバンク〉の頭取になって、肩書の重さと幻聴体験の重さがものすごく彼自身の存在に重みを与えている気がしますね。彼が幻聴の体験を話して、「大丈夫だよ!」と言うことの重みってのがすごいなと思うんですね。いつも病院のなかを怒鳴りまくって歩いていた人がですよ。

——先生は、大崎さんの幻聴さんと相談してクスリを変えたんですって？

あるとき、怒鳴りまくったりする状態が目立ったものだからクスリを変えてあげようとしたんですね。クスリを変えたから幻聴が治るとは思っていませんでしたが、大崎さんを応援しているんだよという、なんらかの合図を送ろうとしたんですね。「大崎さん、クスリを変えるからね、いい？」と聞くと、大崎さんは「いいですよ」とすぐに返事をしてくれたんです。

ところがたぶん次の日だったと思うけど、怒ってきました。「先生、勝手にクスリを変えたら困る！」と。

「だって大崎さんに説明して、大崎さんが『いいです』って言ってくれたから変えたんだと思うんだけど」と言うと、

「いや、ぼくはいいと言いましたが、幻聴さんがすごく反対しているんですよ。怒っているんです、勝手に変えてって」と。

「どうすればいいの？」と聞いたら、

「幻聴さんにもきちんと相談してほしいと、幻聴さんが言っているんです」と言う。それで、あらためて大崎さんから幻聴さんに聞いてもらったんですよ。

その聞いているあいだがとてもおもしろかったんですね。実際に言葉を発してるんじゃないんだけれども、聞いているということを彼のなかでやっているんですね、本当に。幻聴さんのほうも、そういう

ふうにして自分の立場もきちんと尊重してくれれば文句はないんだというニュアンスで。「今後も私と大崎さんだけで決めないで、幻聴さんにも必ず確認するという、そういうルールにしようね」と大崎さんに話しました。

そのときも大崎さんに教えられるわけですよ。彼のもっている世界、そこを大事にしないと、と。それはほかの人にも、今度ぼくは応用できるわけですよ。幻聴のある患者さんとの会話の内容が、ぼくなりに少し豊かになっていくような。前は幻聴さんがただあるかないかだけでしたから。それよりも幻聴さんと具体的にどういうつきあいをしていくかによって、ふだんの人間関係のつきあいも変わっていくわけですよ。

本人にしても、幻聴さんとのあいだで、いってみればコミュニケーションの練習がいつだって可能なわけですから、現実の人間関係やコミュニケーションに応用がきくんじゃないかと。「幻聴さんがいる」という世界をきちんと尊重していかないといけないということが、大崎さんから学んだたいへん大きなことですね。

――被害妄想というのも、たいへんつらい病気のようですね。

被害妄想を経験した人たちは、人間の関係を遮断されるような生活をしている。少なくとも、自分の思いを伝える相手やそういう場をもてなくて、自分の思いを閉じ込めてしまって言葉に出せないような生活をしている。

なにか自分独自の世界に閉じこもって、独りよがりになったり、誰かを恨んでいたり。あるいは自分を非常に否定的に見て、「自分なんかもうダメだ！」と思い込んだり。そういう人たちは人間関係が極端に細かいか狭いか、あるいは、そういう交流の場としてはきわめて栄養の薄いような場にいる人たちですね。妄想や、きわめて否定的な考えのなかにいつもいる生活をしていたという人たちは、おしなべてそうだったんじゃないかな。

――清水里香さんとか、本田くんとか、被害妄想の人たちもどんどん話しはじめていますね。

浦河に来て被害妄想を言語化しはじめたというのは、なにか安全な場に来たということと、やはり表現することの快感というか解放感というのを感じたんだと思います。まさにそういう文化のなかに来たときに、「ああ、これはＯＫなのか！」という、非常に新しい経験をしているんだと思います。

自分が被害妄想だったなんて知らなかったんですから、みんな。被害妄想どころか、まさにそれは、自分の体験から飛び出してくる真実として思っていたわけです。被害妄想かどうかというのは、ある意味では、交流して、表現して、多くの似たような体験者と出会って、はじめて客観視される。だから一人ひとりが別個の世界にいたときは、被害妄想というのはただ医者に言われるだけのもの、あるいは家族とか狭い範囲の人たちのなかで「変なことを言ってるわ！」というレベルでしかとらえられなかった。

かれらがいろんなところから浦河に来て、出会って、自分の体験として話しはじめているときに、その自分の経験にどういう名前を付けるか……おかしかったんだなと思ったときに「これが被害妄想かなあ」という、結果としてそういう言葉を使っているんでしょうけれども。

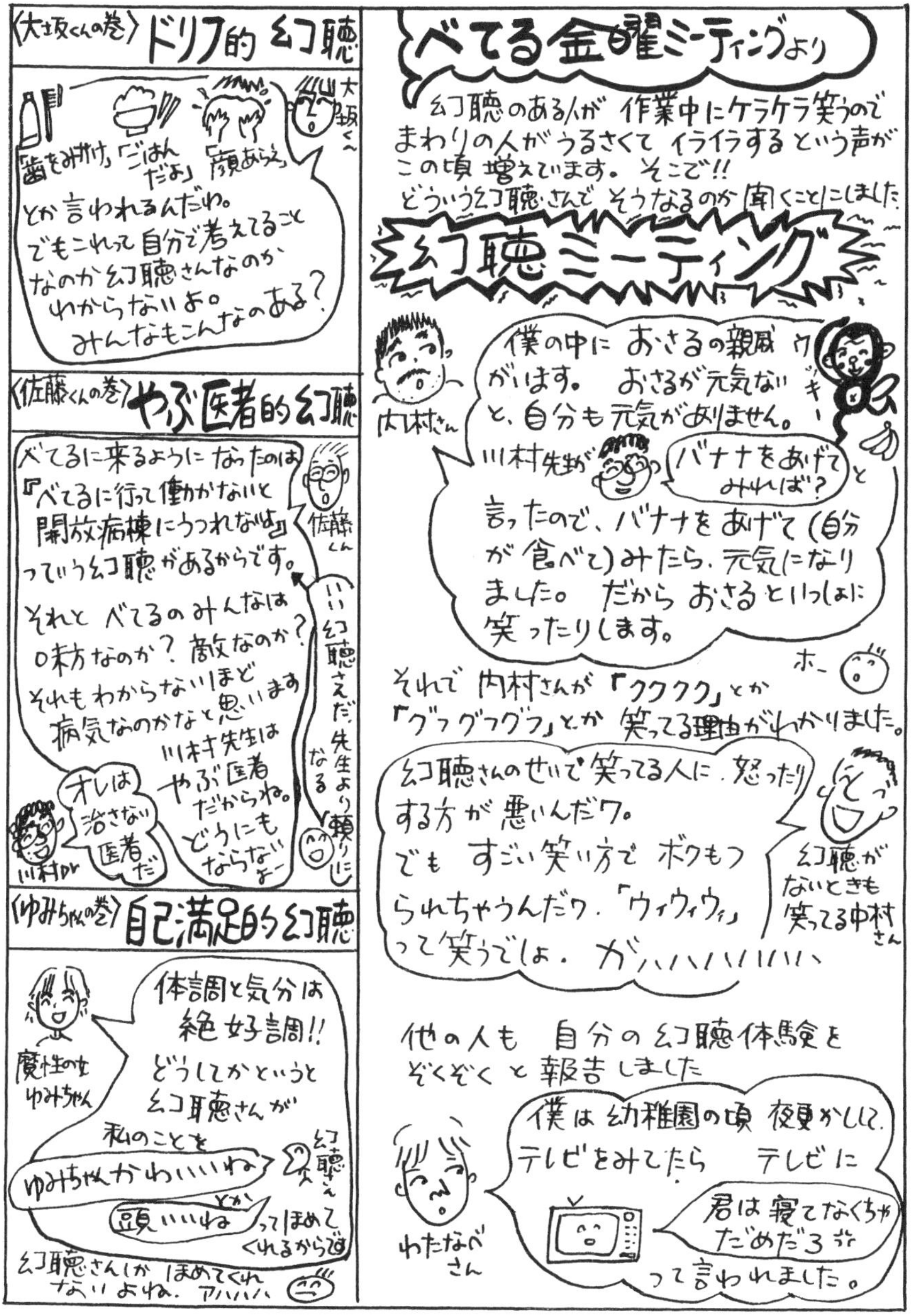

〈大坂くんの巻〉ドリフ的幻聴
大坂くん
「歯をみがけ」「ごはんだよ」「顔あらえ」
とか言われるんだわ。でもこれって自分で考えてることなのか幻聴さんなのかわからないよ。みんなもこんなのある？
〈佐藤くんの巻〉やぶ医者的幻聴
べてるに来るようになったのは『べてるに行って働かないと開放病棟にうつれないよ』っていう幻聴があるからです。それとべてるのみんなは味方なのか？敵なのか？それもわからないほど病気なのかなと思います
佐藤くん
いい幻聴さんだ。先生より頼りになる
川村先生はやぶ医者だからね。どうにもならないなー
オレは治さない医者だ
川村Dr
〈ゆみちゃんの巻〉自己満足的幻聴
魔性の女ゆみちゃん
体調と気分は絶好調!! どうしてかというと幻聴さんが私のことを「ゆみちゃんかわいいね」とか「頭いいね」ってほめてくれるからです
幻聴さん
幻聴さんしかほめてくれないよね。アハハハ
べてる金曜ミーティングより
幻聴のある人が作業中にケラケラ笑うのでまわりの人がうるさくてイライラするという声がこの頃増えています。そこで!! どういう幻聴さんでそうなるのか聞くことにしました
幻聴ミーティング
内村さん
僕の中におさるの親戚がいます。おさるが元気ないと、自分も元気がありません。川村先生が「バナナをあげてみれば？」と言ったので、バナナをあげて（自分が食べて）みたら、元気になりました。だからおさるといっしょに笑ったりします。
ウッキー
ホー
それで内村さんが「ククク」とか「グフグフグフ」とか笑ってる理由がわかりました。
幻聴さんのせいで笑ってる人に、怒ったりする方が悪いんだワ。でもすごい笑い方でボクもつられちゃうんだワ。「ウィウィウィ」って笑うでしょ。ガハハハハハハ
幻聴がないときも笑ってる中村さん
他の人も自分の幻聴体験をぞくぞくと報告しました
僕は幼稚園の頃夜更かしして、テレビをみてたらテレビに
君は寝てなくちゃだめだろう
って言われました。
わたなべさん

いろいろな妄想を持ち寄ってくると、「豊かな世界」みたいな体験に変わってしまうということがぼくは不思議なことだなあと思うんです。幻聴もそうですし、妄想の世界も、否定的に見る必要はまったくない。とにかくみんなの場のところに持ってきて、経験として話すことによって、多くの人たちを解放したり、笑いを引き起こしたりする。あるいは笑いながら話していると、あれは確かにおかしかったなあという、自分自身を客観的に見る視点が自分のなかに生まれてきたりする。

そういう意味で、幻聴とならんで妄想系の話は、豊かなコミュニケーションや豊かな関係をつくっていくうえで大事な世界なんだと。幻聴と同じで、妄想を治そうとか否定しようということは全然なくなってきたなあと思います。妄想も豊かなことなんだよな、という方向になってきている。

病気的な部分だけで言うと本当につまらないのに、みんなが持ち寄るということで、豊かさに変わっちゃう。そういうかれらの体験者としての集まりというのは、かつてぼくが病院のなかで治療、治療と思っていたころよりも、数段プラスに見えてきています。かれらの受け止め方を見ていると、これは明らかですよね。

――語ることによって自分の病気が見えてきて、その豊かさも見えてきたんですね。

妄想を語ることに対しても、ぼくらの受け止め方自体が変わってきたんです。どんな世界にいたんだろうと思わず身を乗り出すような。そして、「ああ苦労していたんだね、たいへんだったね」と。そして、それを言えるようになった今をどう思うかと聞くと、「すごく人間関係の大事さがわかる」と、あるいはたんに妄想だったとか、苦しんでいたということだけで言うんでなくて、「いまは楽になっている」とか、「笑えるようになっている」と、自分の言葉でとても上手に言ってくれる。それを聞くと、妄想があってよかったねとか、幻聴があっても──本当に極端な言葉でいってもおかしくないと思うんですが──そう、精神病になってよかったとか、精神病になったおかげで浦河に来ることができたというようなこと、そんなことを感じるようになってきていますね。

──ＳＡ（Schizophrenics Anonymous：精神分裂病の自助グループで、参加者それぞれが自分と病気とのかかわりあいを語り合う）という病気を語り合う場も生まれて。もしかしたら、日本ではじめてというくらいのものじゃありませんか。

いまはみんなが、言葉って大事だ、話すことって大事だということを、仲間内ですごく強調しているんですよね。たんに顔を見て、出会って、知っているというんではなくて、ＳＡに行って、そこで話し合いをすることではじめて出会いの中身や深みというのが生まれてくるんだということを、かれら自身が体験してやっとわかってきている。非常に大事な世界なんだということを本当に認識している。

それをかれら自身がつくっていっている。精神病とともに生きるということはこういうことなんだという、ある種の技術としても確立してきているんじゃないかと思うんです。

昔から漠然と、精神病に対するイメージがありましたよね。非常に否定的で、暗くて、そばにいること自体が嫌という。けっして理解する人が増えたんじゃなくて、まったく変わっちゃったんですよね、精神分裂病のイメージが。こんなにおもしろいのかとか、こんな世界だったのかと。医者自身が、ぼく自身が、思っていたことと全然違っていたんです。

――昔は、分裂病の人は自分のことは話せないとか、仲間同士での話し合いはできないと言われてきてたんでしょう？

かれら自身がすごい豊かなコミュニケーションをとれる人たちなんです。どちらかというと下手だと思っていたんですよ、ぼくらは。じつは本人たちも。

ところが現実にものすごい体験をしていて、その体験を――かれらは病的な体験ともつきあって生きてきたある種の生還者ですから――語るに足りる豊かな世界をもっていた。努力してとかなんとかでなく、ごく自然に豊かなコミュニケーションをもてていて、ただ慣れていけばいいだけのこと、場数を増やしていけばいいだけのことだった。それを誰も知らなかったんですよ。

講演などでいろんな場所に行ったり、回数を重ねて増やしていくということで変わってくる。早坂潔さんでもそうだったんですよ。はじめは自分の思いを思うように言葉にできなくて、〝ぱぴぷぺぽ〟になって爆発していたんですから。

――いまや潔さんの喋りは、名演説というか、説得力がありますよね。

二〇〇〇年に若月俊一賞を受賞して長野県の佐久病院に行ったとき、潔さんにマイクを渡して自己紹介をしてもらったんです。そしたら「ぼくたちは川村先生の治療の失敗作なんです」と。まわりはその一言でドキッとすると同時に、どっと盛り上がったんですけど。

彼は、治っているかどうかということよりも、なにも先生が治してくれるということだけでぼくらはやっているんじゃないんだと。失敗したおかげでとか、治されなかったおかげで、むしろ自分たちはこうして生きているんだ、まさに豊かさの世界を感じているんだっていうことです。それを彼は、「失敗作なんです」という言葉で言ったんですね。

べてるでは「失敗したみたいなもんだ」とかいう言葉がごくごく自然に出ていたんですが、彼がそれを言うことによって、俄然、その言葉が光るんですよ。誰かが言ったり話題にしていることでも、一回早坂潔を通すと、俄然、生きてくる。早坂潔にはそういう力があるんですよ。そういう意味で彼は天才だな。誰かが言ったということじゃなくて、べてるから生まれた言葉を、早坂潔という人間を通すということがすごく大事で。

みんなもそうしてるんじゃないかなと思うんです。どこかで聞いた言葉を、一回自分のからだを通して、フィルターを通して、洗練された言葉というか、自分の生きた言葉につくりかえていく。そして自分の言葉にできたときに、やっと自分が、こう、力が湧いてくるような、そんなことをしているんじゃないかなと。本当に言葉が、みんなで使って交わる言葉が、本当に生きた言葉としてみんなが使えるようになってきているんじゃないかなと思うんですね。

ふつう精神病院の患者さんというのは、静かで、クスリが効いていて、なんだか暗い顔をしている。それがごく普通の精神病院の人や精神科の患者さんのイメージですよ。ところがべてるというのは、文句の一つも言えないとやっていけない。それほど言葉が必要ですから。そういう意味では、言葉というのが、本当に生きることや暮らすことの基本だなと。そういう一つひとつの場面や多くの人の経験を持ち寄ってきて、言葉の大事さをあらためて見させてくれて。そういう文化がだんだん育ってきているんだと。

――そういう意味では、下野くんも最近はずいぶん変わってきましたね。

彼はとても鋭い人ですよね。最初に来たころというのは本当に日本語を知らないみたいだったけど。ニコニコ仮面で。

いま思えば、あんなに思いがいっぱい詰まった人が、あんなふうにニコニコだけだったら大変だったんだろうなあと。下手に感じないようにして、鈍くしているというか。いちいち感じていて、一方で表現がニコニコだけだったら、ものすごいアンバランスですから大変ですよ。

ただ、少しずつ彼女とのつきあいのおかげで表現せざるをえなくなってきて、ニコニコする暮らしなんかやってられなくなったときに、やっぱり暴力系に変わっていったんだと思います。そのころ、壁に穴が開き、ドアが壊れちゃうような暮らしがごく日常的だったのもわかりますよ。

ただそういう表現も変わってきた。彼には音楽という方法があったし。それに、留学生がだんだん言葉を覚えていくように覚えていって、その場面場面にふさわしい言葉をだんだん獲得していったと思うんですよね。

――言葉を獲得していくことが、回復への第一歩なんでしょうか。

下野くんに限らず、そういう人たちが何人も出てきて、ぼくたちも言葉の大事さということを思いますよね。だから、患者さんに対する見方も変わってきた。この人はまだ言葉を覚えていないなとか、病気を治すよりもまず言葉を覚えさせたいとか、それができるようになると全然変わっちゃうなとか。ある程度予測を立てられるというか、ちょっと設計図を描けるような感じで見られるというように。
言葉をまだ獲得していない人には、いまはまだ基礎をつくっている段階だからねと言う。「家を建てる段階とは違うんだよ。でもね、ここをきちんとやっておけばちゃんと建ってくるから」というように。そういう説明もできるんです。「いまはダメなように見えたり、失敗してるように見えるけれど、これはいまは当たり前というくらいに考えておいていいんだから」と。
そういう話を、まわりに聞こえるように言うことが大事なんです。この人に言っているのに、まわりでウンウンとうなずく人たちがいっぱいいるような雰囲気です。「ああ、そういうことか」とか、「それだけ言葉って大事なんだな」とか。「基礎段階だとか、下積みだとか、よく向谷地さんも言ってたけど、ああ、そういうことだったのか」みたいな。「そう言えば何年か前に自分も言われたなあ」というような自分のなかの気づきとか。そういうことを言ってくれる人がずいぶんいるんです。

――そうやって見てみると、べてるには話をする場がじつにたくさん用意されていますよね。

「言葉を獲得していくプロセスが大事なんだ」とぼくらの意識がはっきりしてくると、むしろ「いまの段階で大丈夫だよ！」と言えます。いまがダメなんじゃなくて、「大丈夫、大丈夫、みんな日本語学校に来ているみたいなものだから。下野くんも全然日本語がダメだったよね」というように。現在の段階に安心を与えられるという意味で、ぼくはそういうのがすごく大事なんじゃないかなあと思います。

だから精神病の治療の世界というのは、基本的には、日本語学校というか、コミュニケーション教室にみんなが参加しているようなものです。それは、病気している人でも、病気でない人でも同じですよ。

ぼくらも言葉を知らないんです。わかっているようでいて、大事な場面に大事な思いをきちんと出せるようなコミュニケーションを知らないっていうか。

いちばん聞きたくないことを医者が言ってるような気がするんですよ。たとえばここで「幻聴があるようだね」と言ったって、それによって何が救われるのか、と思います。言葉にしないでカルテに書いたとしてもですよ、それで何が救われているのか？　というような。

それよりも、「たいへんだったねえ」とか、「そういう苦労をしてきたのがすごく大事だったんだよ」とか、「応援してくれる人がいっぱいいるから、今度そういう人たちを紹介するからね」とか。そのときはすぐには通じなくてもですよ。聞いている家族やその場が少し和らいでいくとか、安心するというような、そういうことがやっぱり大事なんだろうなと、いまは思うんですけど。

この記事は、映像作家・四宮鉄男氏の『べリー・オーディナリー・ピープル製作ニュース』（第三号、二〇〇〇年一二月二八日）中、「〝シリーズ・精神分裂病を生きる〟全一〇巻只今制作中」でのインタビュー記事を、一部改変して採録したものです。

◎あとがき

浦河という町でいちばん惨めで困難な暮らしを強いられていた精神障害を体験した青年有志が、地域に静かな船出をした。それは本文に綴られたように、日々問題だらけのエピソードに彩られた、つたない歩みだった。家族と地域に嫌悪され、そしてなによりも己自身をもっとも嫌悪しながら、過疎の町で生きたのだ。そこには想像を絶する困難があった。

そんな浦河で暮らしはじめた私の脳裏には、学生時代、青森市の郊外にある松ヶ丘保養園でおこなわれたワークキャンプの記憶がよみがえってきた。浦河におけるかれらの苦しみに、ハンセン病によって強制隔離を余儀なくされた人たちの過酷な歴史が重なった。そして、にもかかわらず、その歴史に立ち向かい、希望をもって現実を担おうとする人たちの群れが松ヶ丘にはあった。その後に札幌で出会った難病患者や脳性まひの障害をもった当事者たちも同様だった。

そこに私はソーシャルワークの原点を見出した。そして、この困難な現実を担う主体が当事者自身であること、それを支えるのが援助者であること——これが現在も変わらない私の基本的なスタンスである。

べてるの家の当事者たちの歩みはまさしく「奪われた苦労をとりもどす」歩みそのものであった。しかしだからといって、毎日、苦渋に満ちた日々を過ごしていたわけではない。不思議と、嘆くこと以上に笑いとユーモアがあった。そしてその苦労の最前線にはつねに、佐々木実さん、早坂潔さんをはじめとする当事者の顔があった。

当時青年だった佐々木実さんも還暦を迎え、最近やけに涙もろくなった。思えば、佐々木さんの退院祝いからはじまった当事者活動から数えて二五年がたつ。生活保護を受けながら七年にも及ぶ長期入院を余儀なくされていた佐々木さんは、現在では社会福祉法人の理事長として地域に貢献している。その軌跡を振り返れば、万感、胸に迫るものがあるのだろう。

◉

「精神障害者」とは、言葉を、語ることを封じられた人々である。この二五年間はまた、「語ることをとりもどす」歩みとしてあったといっても過言ではない。それぞれの時代に筆舌に尽くしがたい苦労と忘れられない出来事があり、かけがえのない人がいて、そしてなによりも、忘れられない「言葉」があった。さまざまな行きづまりや困難に直面したとき、そこに「言葉」が生まれた。夢を語り合うなかで「言葉」が与えられた。人と出会い「言葉」が示された。この二五年は、言葉を、そしてその言葉を生み出した「物語」を語り継ぐ歴史でもあった。

不思議なものである。人は、語るに値しないと思い封印してきたみずからの歩みを、「私の生きてきた歴史」として語るとき、人のつながりとして知ったとき、無意味であった日々が突然意味をもちはじめる。

早坂潔さんがそうだった。忌まわしい思い出でしかない日々の記憶を打ち消し、過去に決別し、気丈に振る舞う。するとそれに立ちはだかるように「発作」があった。逆に、一人の生きてきた人間のかけがえのない足跡として誇りをもってみずからを語りはじめたとき、「発作」は役割を終えたかのように静まっていた。

彼にとっては、語ることそのものが回復であった。「弱さを絆に」とは、彼という弱くある存在を通じて生み落とされた言葉である。彼と結び合った数限りのない「弱さ」が、いま二五年の歳月と二〇回の入退院を経て、命の息を吹きかけられたように言葉としての存在感をもち、新たに輝きはじめたように思う。

そこには、いまは亡き女好きだった父さんも、酒好きだった母さんも、彼を疎んじた同級生もしっかりとつながっている。彼の人生に連なるあらゆる弱さが意味をもち、殊更に用いられようとしている。誰が欠けてもならない。不必要な人はいない。弱ければ弱いほどその絆は意味をもつ。

清水義晴さんが、かつてこう言ったことがある。

「講演会の席上で『ベリー・オーディナリー・ピープル』のビデオ上映会をすると、不思議なことに、みんなが自分を語りだすんですよね。〝精神障害者の理解〟ではないんですよ。おもしろい現象ですね」

弱さという絆の連鎖のなかで出会った人びとは、一様に自分のことを熱っぽく語りだす。まさに「べてるに出会うと病気が出る」というキャッチフレーズどおりである。しかしそれは決して「記憶の自分」ではない。「新しい可能性をもった、人とのつながりに生きる自分」として自分を語りだすのである。そして、そこで語られた言葉が、人とつながりながら語り継がれていく。命の言葉として時を越え、綿々と引き継がれていく。

私も、浦河という土地のなかに、べてるという弱さを生きた人々がいたという足跡を、我が子に誇りをもって語り継ぎたいと思う。それが新しい地域の文化として、人づくり、町づくりに活かされるときが来るような気がしてならない。きっと早坂潔さんは何百年か後に、「むかし、むかし、きよしどんという人が昌平町におりました……」などと語られる民話の主人公になるときがくるかもしれない。

◉

『べてるの家の「非」援助論』というこの本は、題名のとおり誰かを助けようという意図をもってつくられた本ではない。もちろん誰かを批判したり、何かを改善しようと計らっているわけでもない。それぞれがそれぞれの仕方で自分を語り継ぐという作業をしたにすぎない。きっと「援助」とは、他者に向けられたものではなく、みずからに向けた「励まし」であるだろうと思う。

さらには、この本にはなんの結論も結果もない。すべては旅の途中なのである。ただ願うとすれば、この本に綴られた言葉と出会うことを通じて津々浦々に多くの語り部が生まれることである。語ることを通じて、人と人が新たなつながりを得ることである。

最後に、べてるの家のなかで毎日生み出される言葉という宝を埋もらせることなく発掘し、貴重な財産としてまとめるという機会を与えてくれ、編集や校正に気長につきあっていただいた医学書院看護出版部の白石正明氏に感謝したい。また、一人ひとりの語りをテープに録音し文章におこすという根気のいる作業を、浦河赤十字病院の看護婦という激務の合間をぬって担ってくださった宮村和枝氏の労なくしてはこの本は日の目を見ることがなかった。さらには多忙な業務のなかで文章を寄せていただいた㈱マルセイ協同燃料の小山社長、いつもながら心温まる文章を寄せていただいた「えにし屋」の清水義晴氏、インタビュー記事の再掲に協力いただいた映像作家の四宮鉄男氏、朝日新聞社説の掲載を快諾いただいた大阪大学の大熊由紀子氏、そして、絶妙なタッチのイラストでページを飾ってくださったべてるの家のスタッフ、鈴木裕子氏に感謝したい。

本書制作の過程で、印刷・製本を受け持っていただいた㈱アイワードの社長、木野口功氏は浦河町の出身であることを知った。序文を寄せていただいた小山直氏によれば、彼の札幌時代の恩人でもあったのだという。これもまた「浦河という物語」である本書の門出を祝してくれるような、うれしい偶然であった。

二〇〇二年四月　寒風の春に、浦河にて

向谷地生良

著者紹介

浦河べてるの家(うらかわべてるのいえ)

社会福祉法人「浦河べてるの家」(多機能型の就労・生活サポートセンター、共同住居とグループホーム14か所を運営)と、有限会社「福祉ショップべてる」からなる共同体。主に精神障害をかかえた17歳から70歳代までの100人以上の当事者が、北海道浦河町で多種多様な活動をおこなっている。

「弱さを絆に」「三度の飯よりミーティング」「昆布も売ります、病気も売ります」「安心してサボれる会社づくり」「精神病でまちおこし」などをキャッチフレーズに事業を展開。年間見学者は3500人を超え、いまや過疎の町の一角を支える"地場産業"となった。

幻聴や妄想を語り合う「幻覚&妄想大会」、統合失調症者のセルフヘルプグループ「SA: Schizophrenics Anonymous」等々の世界の精神医療の最先端の試みが、ここ北海道の浦河という小さな町では既に根を下ろしていたことで注目を集めている。

1999年に日本精神神経学会第1回精神医療奨励賞、2000年に若月俊一賞(代表受賞・川村敏明)、2003年に毎日社会福祉顕彰、保健文化賞を受賞。
▶今後の抱負…「さまざまな障害や病気を経験した当事者を起点とした『スロー・ビジネス』を興したい。今後もべてるはますます降りていきます!」
▶主な著書等……『べてるの家の本』(べてるの家の本制作委員会編)、『べてるの家の「当事者研究」』(医学書院)、『技法以前』(向谷地生良、医学書院)、『安心して絶望できる人生』(向谷地生良・浦河べてるの家、NHK出版)、『ぱぴぷぺぽけっさく集』(鈴木裕子、エムシーメディアン)ほか。
ビデオシリーズに『ベリー・オーディナリー・ピープル』(全8巻)と、『精神分裂病を生きる』(全10巻)など。

関連本に、『悩む力』(斉藤道雄、みすず書房)、『とても普通の人たち』(四宮鉄男、北海道新聞社)、『降りていく行き方』(横川和夫、太郎次郎社)、『クレイジー・イン・ジャパン』(中村かれん、医学書院)など。

またDVDブックシリーズに『認知行動療法、べてる式。』『退院支援、べてる式。』(いずれも医学書院)がある。

〒057-0022 北海道浦河町築地3-5-21
http://bethel-net.jp/

シリーズ
ケアをひらく

べてるの家の「非」援助論──そのままでいいと思えるための25章

発行────2002年 6月 1日　第1版第1刷©
　　　　　2022年 4月15日　第1版第13刷

著者────浦河べてるの家

発行者───株式会社　医学書院
　　　　　代表取締役　金原　俊
　　　　　〒113-8719　東京都文京区本郷1-28-23
　　　　　電話 03-3817-5600（社内案内）

装幀────松田行正

印刷・製本－アイワード

ISBN 978-4-260-33210-1

下記価格は本体価格です。

本シリーズでは、「科学性」「専門性」「主体性」といったことばだけでは語りきれない地点から《ケア》の世界を探ります。

べてるの家の「非」援助論：そのままでいいと思えるための25章●浦河べてるの家●2000円●それで順調！———「幻覚＆妄想大会」「偏見・差別歓迎集会」という珍妙なイベント。「諦めが肝心」「安心してサボれる会社づくり」という脱力系キャッチフレーズ群。それでいて年商1億円、年間見学者2000人。医療福祉領域を超えて圧倒的な注目を浴びる〈べてるの家〉の、右肩下がりの援助論！

物語としてのケア：ナラティヴ・アプローチの世界へ●野口裕二●2200円●「ナラティヴ」の時代へ———「語り」「物語」を意味するナラティヴ。人文科学領域で衝撃を与えつづけているこの言葉は、ついに臨床の風景さえ一変させた。「精神論 vs. 技術論」「主観主義 vs. 客観主義」「ケア vs. キュア」という二項対立の呪縛を超えて、臨床の物語論的転回はどこまで行くのか。

見えないものと見えるもの：社交とアシストの障害学●石川准●2000円●だから障害学はおもしろい———自由と配慮がなければ生きられない。社交とアシストがなければつながらない。社会学者にしてプログラマ、全知にして全盲、強気にして気弱、感情的な合理主義者……〝いつも二つある〟著者が冷静と情熱のあいだで書き下ろした、つながるための障害学。

死と身体：コミュニケーションの磁場●内田 樹●2000円●人間は、死んだ者とも語り合うことができる———〈ことば〉の通じない世界にある「死」と「身体」こそが、人をコミュニケーションへと駆り立てる。なんという腑に落ちる逆説！「誰もが感じていて、誰も言わなかったことを、誰にでもわかるように語る」著者の、教科書には絶対に出ていないコミュニケーション論。読んだ後、猫にもあいさつしたくなります。

ALS 不動の身体と息する機械●立岩真也●2800円●それでも生きたほうがよい、となぜ言えるのか———ALS当事者の語りを渉猟し、「生きろと言えない生命倫理」の浅薄さを徹底的に暴き出す。人工呼吸器と人がいれば生きることができると言う本。「質のわるい生」に代わるべきは「質のよい生」であって「美しい死」ではない、という当たり前のことに気づく本。

べてるの家の「当事者研究」●浦河べてるの家●2000円●研究？ ワクワクするなあ———べてるの家で「研究」がはじまった。心の中を見つめたり、反省したり……なんてやつじゃない。どうにもならない自分を、他人事のように考えてみる。仲間と一緒に笑いながら眺めてみる。やればやるほど元気になってくる、不思議な研究。合い言葉は「自分自身で、共に」。そして「無反省でいこう！」

ケアってなんだろう●小澤勲編著●2000円●「技術としてのやさしさ」を探る七人との対話———「ケアの境界」にいる専門家、作家、若手研究者らが、精神科医・小澤勲氏に「ケアってなんだ？」と迫り聴く。「ほんのいっときでも憩える椅子を差し出す」のがケアだと言い切れる人の《強さとやさしさ》はどこから来るのか———。感情労働が知的労働に変換されるスリリングな一瞬！

こんなとき私はどうしてきたか●中井久夫●2000円●「希望を失わない」とはどういうことか———はじめて患者さんと出会ったとき、暴力をふるわれそうになったとき、退院が近づいてきたとき、私はどんな言葉をかけ、どう振る舞ってきたか。当代きっての臨床家であり達意の文章家として知られる著者渾身の一冊。ここまで具体的で美しいアドバイスが、かつてあっただろうか。

発達障害当事者研究：ゆっくりていねいにつながりたい●綾屋紗月＋熊谷晋一郎●2000円●あふれる刺激、ほどける私———なぜ空腹がわからないのか、なぜ看板が話しかけてくるのか。外部からは「感覚過敏」「こだわりが強い」としか見えない発達障害の世界を、アスペルガー症候群当事者が、脳性まひの共著者と探る。「過剰」の苦しみは身体に来ることを発見した画期的研究！

ニーズ中心の福祉社会へ：当事者主権の次世代福祉戦略●上野千鶴子＋中西正司編●2100円●社会改革のためのデザイン！ ビジョン!! アクション!!!———「こうあってほしい」という構想力をもったとき、人はニーズを知り、当事者になる。「当事者ニーズ」をキーワードに、研究者とアクティビストたちが「ニーズ中心の福祉社会」への具体的シナリオを提示する。

4

コーダの世界：手話の文化と声の文化●澁谷智子●2000円●生まれながらのバイリンガル?———コーダとは聞こえない親をもつ聞こえる子どもたち。「ろう文化」と「聴文化」のハイブリッドである彼らの日常は驚きに満ちている。親が振り向いてから泣く赤ちゃん? じっと見つめすぎて誤解される若い女性? 手話が「言語」であり「文化」であると心から納得できる刮目のコミュニケーション論。

技法以前：べてるの家のつくりかた●向谷地生良●2000円●私は何をしてこなかったか———「幻覚&妄想大会」をはじめとする掟破りのイベントはどんな思考回路から生まれたのか? べてるの家のような〝場〟をつくるには、専門家はどう振る舞えばよいのか? 「当事者の時代」に専門家にできることを明らかにした、かつてない実践的「非」援助論。べてるの家スタッフ用「虎の巻」、大公開!

逝かない身体：ALS的日常を生きる●川口有美子●2000円●即物的に、植物的に——言葉と動きを封じられたALS患者の意思は、身体から探るしかない。ロックトイン・シンドロームを経て亡くなった著者の母を支えたのは、「同情より人工呼吸器」「傾聴より身体の微調整」という究極の身体ケアだった。重力に抗して生き続けた母の「植物的な生」を身体ごと肯定した圧倒的記録。

第41回大宅壮一ノンフィクション賞受賞作

リハビリの夜●熊谷晋一郎●2000円●痛いのは困る——現役の小児科医にして脳性まひ当事者である著者は、《他者》や《モノ》との身体接触をたよりに、「官能的」にみずからの運動をつくりあげてきた。少年期のリハビリキャンプにおける過酷で耽美な体験、初めて電動車いすに乗ったときの時間と空間が立ち上がるめくるめく感覚などを、全身全霊で語り尽くした驚愕の書。

第9回新潮ドキュメント賞受賞作

その後の不自由●上岡陽江+大嶋栄子●2000円●〝ちょっと寂しい〟がちょうどいい——トラウマティックな事件があった後も、専門家がやって来て去っていった後も、当事者たちの生は続く。しかし彼らはなぜ「日常」そのものにつまずいてしまうのか。なぜ援助者を振り回してしまうのか。そんな「不思議な人たち」の生態を、薬物依存の当事者が身を削って書き記した当事者研究の最前線!

第 2 回日本医学
ジャーナリスト協会賞
受賞作

驚きの介護民俗学●六車由実●2000 円●語りの森へ——気鋭の民俗学者は、あるとき大学をやめ、老人ホームで働きはじめる。そこで流しのバイオリン弾き、蚕の鑑別嬢、郵便局の電話交換手ら、「忘れられた日本人」たちの語りに身を委ねていると、やがて新しい世界が開けてきた……。「事実を聞く」という行為がなぜ人を力づけるのか。聞き書きの圧倒的な可能性を活写し、高齢者ケアを革新する。

ソローニュの森●田村尚子●2600 円●ケアの感触、曖昧な日常——思想家ガタリが終生関ったことで知られるラ・ボルド精神病院。一人の日本人女性の震える眼が掬い取ったのは、「フランスのべてるの家」ともいうべき、患者とスタッフの間を流れる緩やかな時間だった。ルポやドキュメンタリーとは一線を画した、ページをめくるたびに深呼吸ができる写真とエッセイ。B5 変型版。

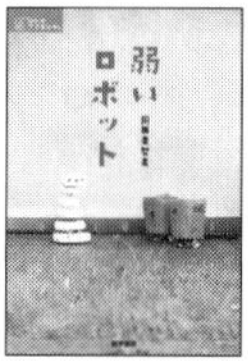

弱いロボット●岡田美智男●2000 円●とりあえずの一歩を支えるために——挨拶をしたり、おしゃべりをしたり、散歩をしたり。そんな「なにげない行為」ができるロボットは作れるか？　この難題に著者は、ちょっと無責任で他力本願なロボットを提案する。日常生活動作を規定している「賭けと受け」の関係を明るみに出し、ケアをすることの意味を深いところで肯定してくれる異色作！

当事者研究の研究●石原孝二編●2000 円●で、当事者研究って何だ？——専門職・研究者の間でも一般名称として使われるようになってきた当事者研究。それは、客観性を装った「科学研究」とも違うし、切々たる「自分語り」とも違うし、勇ましい「運動」とも違う。本書は哲学や教育学、あるいは科学論と交差させながら、“自分の問題を他人事のように扱う”当事者研究の圧倒的な感染力の秘密を探る。

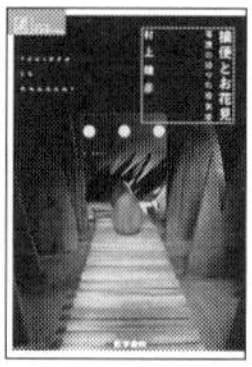

摘便とお花見：看護の語りの現象学●村上靖彦●2000 円●とるにたらない日常を、看護師はなぜ目に焼き付けようとするのか——看護という「人間の可能性の限界」を拡張する営みに吸い寄せられた気鋭の現象学者は、共感あふれるインタビューと冷徹な分析によって、その不思議な時間構造をあぶり出した。巻末には圧倒的なインタビュー論を付す。看護行為の言語化に資する驚愕の一冊。

坂口恭平躁鬱日記●坂口恭平●1800円●僕は治ることを諦めて、「坂口恭平」を操縦することにした。家族とともに。——マスコミを席巻するきらびやかな才能の奔出は、「躁」のなせる業でもある。「鬱」期には強固な自殺願望に苛まれ外出もおぼつかない。この病に悩まされてきた著者は、あるとき「治療から操縦へ」という方針に転換した。その成果やいかに！　涙と笑いと感動の当事者研究。

カウンセラーは何を見ているか●信田さよ子●2000円●傾聴？ ふっ。——「聞く力」はもちろん大切。しかしプロなら、あたかも素人のように好奇心を全開にして、相手を見る。そうでなければ〈強制〉と〈自己選択〉を両立させることはできない。若き日の精神科病院体験を経て、開業カウンセラーの第一人者になった著者が、「見て、聞いて、引き受けて、踏み込む」ノウハウを一挙公開！

クレイジー・イン・ジャパン：べてるの家のエスノグラフィ●中村かれん●2200円●日本の端の、世界の真ん中。——インドネシアで生まれ、オーストラリアで育ち、イェール大学で教える医療人類学者が、べてるの家に辿り着いた。7か月以上にも及ぶ住み込み。10年近くにわたって断続的に行われたフィールドワーク。べてるの「感動」と「変貌」を、かつてない文脈で発見した傑作エスノグラフィ。付録DVD「Bethel」は必見の名作！

漢方水先案内：医学の東へ●津田篤太郎●2000円●漢方ならなんとかなるんじゃないか?—— 原因がはっきりせず成果もあがらない「ベタなぎ漂流」に追い込まれたらどうするか。病気に対抗する生体のパターンは決まっているならば、「生体をアシスト」という方法があるじゃないか！　万策尽きた最先端の臨床医がたどり着いたのは、キュアとケアの合流地点だった。それが漢方。

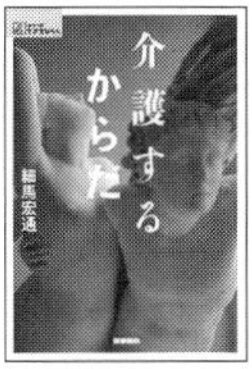

介護するからだ●細馬宏通●2000円●あの人はなぜ「できる」のか?—— 目利きで知られる人間行動学者が、ベテランワーカーの神対応をビデオで分析してみると……、そこには言語以前に〝かしこい身体〟があった！　ケアの現場が、ありえないほど複雑な相互作用の場であることが分かる「驚き」と「発見」の書。マニュアルがなぜ現場で役に立たないのか、そしてどうすればうまく行くのかがよーく分かります。

第 16 回小林秀雄賞
受賞作
紀伊國屋じんぶん大賞
2018 受賞作

中動態の世界：意志と責任の考古学●國分功一郎●2000円●「する」と「される」の外側へ――強制はないが自発的でもなく、自発的ではないが同意している。こうした事態はなぜ言葉にしにくいのか？ なぜそれが「曖昧」にしか感じられないのか？ 語る言葉がないからか？ それ以前に、私たちの思考を条件付けている「文法」の問題なのか？ ケア論にかつてないパースペクティヴを切り開く画期的論考！

どもる体●伊藤亜紗●2000円●しゃべれるほうが、変。――話そうとすると最初の言葉を繰り返してしまう(＝連発という名のバグ)。それを避けようとすると言葉自体が出なくなる(＝難発という名のフリーズ)。吃音とは、言葉が肉体に拒否されている状態だ。しかし、なぜ歌っているときにはどもらないのか？ 徹底した観察とインタビューで吃音という「謎」に迫った、誰も見たことのない身体論！

異なり記念日●齋藤陽道●2000円●手と目で「看る」とはどういうことか――「聞こえる家族」に生まれたろう者の僕と、「ろう家族」に生まれたろう者の妻。ふたりの間に、聞こえる子どもがやってきた。身体と文化を異にする3人は、言葉の前にまなざしを交わし、慰めの前に手触りを送る。見る、聞く、話す、触れることの〈歓び〉とともに。ケアが発生する現場からの感動的な実況報告。

在宅無限大：訪問看護師がみた生と死●村上靖彦●2000円●「普通に死ぬ」を再発明する――病院によって大きく変えられた「死」は、いま再びその姿を変えている。先端医療が組み込まれた「家」という未曾有の環境のなかで、訪問看護師たちが地道に「再発明」したものなのだ。著者は並外れた知的肺活量で、訪問看護師の語りを生け捕りにし、看護が本来持っているポテンシャルを言語化する。

第 19 回大佛次郎論壇賞
受賞作
紀伊國屋じんぶん大賞
2020 受賞作

居るのはつらいよ：ケアとセラピーについての覚書●東畑開人●2000円●「ただ居るだけ」vs.「それでいいのか」――京大出の心理学ハカセは悪戦苦闘の職探しの末、沖縄の精神科デイケア施設に職を得た。しかし勇躍飛び込んだそこは、あらゆる価値が反転する「ふしぎの国」だった。ケアとセラピーの価値について究極まで考え抜かれた、涙あり笑いあり出血(！)ありの大感動スペクタル学術書！

誤作動する脳●樋口直美● 2000 円●「時間という一本のロープにたくさんの写真がぶら下がっている。それをたぐり寄せて思い出をつかもうとしても、私にはそのロープがない」——ケアの拠り所となるのは、体験した世界を正確に表現したこうした言葉ではないだろうか。「レビー小体型認知症」と診断された女性が、幻視、幻臭、幻聴など五感の変調を抱えながら達成した圧倒的な当事者研究!

「脳コワさん」支援ガイド●鈴木大介●2000 円●脳がコワれたら、「困りごと」はみな同じ。——会話がうまくできない、雑踏が歩けない、突然キレる、すぐに疲れる……。病名や受傷経緯は違っていても結局みんな「脳の情報処理」で苦しんでいる。だから脳を「楽」にすることが日常を取り戻す第一歩だ。疾患を超えた「困りごと」に着目する当事者学が花開く、読んで納得の超実践的ガイド!

第 9 回日本医学ジャーナリスト協会賞受賞作

食べることと出すこと●頭木弘樹● 2000 円●食べて出せればOK だ!(けど、それが難しい……。)——潰瘍性大腸炎という難病に襲われた著者は、食事と排泄という「当たり前」が当たり前でなくなった。IVH でも癒やせない顎や舌の飢餓感とは? 便の海に茫然と立っているときに、看護師から雑巾を手渡されたときの気分は? 切実さの狭間に漂う不思議なユーモアが、何が「ケア」なのかを教えてくれる。

やってくる●郡司ペギオ幸夫● 2000 円●「日常」というアメイジング!——私たちの「現実」は、外部からやってくるものによってギリギリ実現されている。だから日々の生活は、何かを為すためのスタート地点ではない。それこそが奇跡的な達成であり、体を張って実現すべきものなんだ! ケアという「小さき行為」の奥底に眠る過激な思想を、素手で取り出してみせる圧倒的な知性。

みんな水の中●横道 誠● 2000 円●脳の多様性とはこのことか!——ASD(自閉スペクトラム症)とADHD(注意欠如・多動症)と診断された大学教員は、彼を取り囲む世界の不思議を語りはじめた。何もかもがゆらめき、ぼんやりとしか聞こえない水の中で、〈地獄行きのタイムマシン〉に乗せられる。そんな彼を救ってくれたのは文学と芸術、そして仲間だった。赤裸々、かつちょっと乗り切れないユーモアの日々。

べてるの住む浦河マップ

札幌
新鮮組
パセオ
向別川
4人入居
ひまわりハイツ
ニューべてる
← 三石（札幌方面）
浦河人 16000人
べてる人 150人
太平洋
べてるの要。
日高昆布がとれます。

●浦河べてるの家の歴史

1978.7	ソーシャルクラブ「どんぐりの会」発足、活動開始。
1979.4	浦河教会旧会堂に向谷地生良入居。
1980.8	旧会堂を正式に住居として借り受ける(佐々木実入居)。
1983.10	日高昆布の袋詰内職開始。
1984.4	当事者、地域の有志により地域活動拠点「浦河べてるの家」設立。
1988.11	「地域のために」を旗印に日高昆布の産地直送事業開始。
1992.3	『べてるの家の本』発行。
1993.7	有限会社「福祉ショップべてる」設立。
1995.5	第1回「幻覚&妄想大会」開始。 映画『ベリー・オーディナリー・ピープル』撮影開始。
1996.3	介護用品のお店「ぱぽ」開店。
1999.5	べてるの家の活動が日本精神医学会第1回奨励賞を受賞。
1999.10	介護保険事業に進出(介護用品レンタル)。
2000.8	統合失調症者自助グループ「浦河SA」発足。
2001.6	自主企画ビデオ『精神分裂病を生きる』発売開始。
2002.2	「社会福祉法人　浦河べてるの家」設立。理事長に佐々木実、常務理事に早坂潔。 「小規模通所授産施設　浦河べてる」施設長に荻野仁が就任。
2003.8	「小規模通所授産施設　ニューべてる」施設長に清水里香が就任。